Wenn du krank bist, bin ich da

Ilse Winter

Wenn du krank bist, bin ich da

Ehrenamtlich in der Klinikseelsorge

Claudius

CIP-Titelaufnahme der Deutschen Bibliothek

Winter, Ilse:
Wenn du krank bist, bin ich da : ehrenamtlich in der
Klinikseelsorge / Ilse Winter. – München : Claudius-Verl., 1990
ISBN 3-532-62109-6

© Claudius Verlag München 1990
Alle Rechte, auch die des auszugsweisen
Nachdrucks, der photomechanischen
Wiedergabe und der Übersetzung, vorbehalten.
Umschlaggestaltung: Werner Richter
Gesamtherstellung: Jos. C. Huber, Dießen

ISBN 3-532-62109-6

INHALT

Vorwort 7

1. IM KRANKENHAUS: EINE FREMDE WELT 11
   Bosmans »*Menschen stellen Fragen*« 12
   Der allererste Besuch 14
   Teamarbeit in der Seelsorge 16
   Willms »*wußten sie schon*« 19
   Drei Gespräche an einem Vormittag 20
   Gespräche mit Ärztinnen, Ärzten, Schwestern
   und Pflegern 24

2. KRANKSEIN WILL ICH NICHT 29
   »*Warum?*« 30
   Eine Tür fällt zu 32
   Jesaja 55 und 66 »*Meine Gedanken*« 35
   Die Krankheit nicht wahrhaben wollen 36

3. HINTER JEDEM FALL STEHT
   EIN MENSCH 41
   Bonhoeffer »*Von guten Mächten*« 42
   Gott tut alles fein zu seiner Zeit 44
   Marti »*Was ich brauche*« 48
   Aidspatienten 49
   Beutler »*Grübeln*« 53
   Probleme mit dem Alkohol 53
   Flinke Blinde auf der Zuckerstation 56

4. WAS PASSIERT MIT MIR?
   BESUCHERERFAHRUNGEN 59
   Beutler »*Herbstwünsche*« 60
   Regeln für Besuche im Krankenhaus 62
   Wie sich Krankenbesuche auf mich auswirken 65
   Goes »*Sieh, sie brauchen irgendeinen*« 68
   Kann man wirklich trösten? 68

5. NICHT NUR DER KÖRPER LEIDET.
   SEELISCHE NÖTE UND KONFLIKTE 73
   Weil »*Das Unglück läßt Gott ...*« 74
   Sie sehen doch so gesund aus 76
   Der Einsamkeit begegnen 82

Kindheitsnarben 85
Psalm 126 *»Wenn der Herr ...«* 87
Bilder zwischen Wachen und Träumen 87
Klagen wirkt befreiend 89
Psalm 121 *»Ich hebe meine Augen auf zu den Bergen«* 92
Mit der Angst leben 92
Jakobus 5 *»Das Gebet des Glaubens«* 95
Gebetswand in der Kirche 95
Im Glauben gewachsen 98

6. ZUM BEGLEITER WERDEN 101
   Bosmans *»Wir gehen durch jedes Kreuz«* 102
   Meine Zeit ist bemessen 104
   Hanselmann *»Ein Nachtgebet«* 107
   Die Krankheit verändert Patienten 107
   Luther-Wort *»Mitten im Leben«* 109

7. DAS ALTER KENNT DEN TOD 111
   Jesaja 46 *»Auch bis in euer Alter ...«* 112
   Freuden eines alten Ehepaares 114
   Legler *»Sich lassen und hergeben«* 115
   Der Mut, die Dinge zu ordnen 116
   Achtzig Jahre lang gesund – ein Abschied 118

8. IM GRENZLAND –
   STERBENDE UND TRAUERNDE
   BEGLEITEN 127
   Küstenmacher *»Was unser Leben war«* 128
   Im Gespräch mit Schwerkranken 130
   Phasen vor dem Tod 132
   Claudius *»Wer nicht an Christus glauben will«* 135
   Am Sterbebett 136
   Vor dem Sterbebüro 139

Textnachweis 142
Bildnachweis 142

Vorwort

> *Ich glaube, daß Krankheiten Schlüssel sind, die uns gewisse Tore öffnen können. Vielleicht verschließt uns die Krankheit einige Wahrheiten, ebenso aber verschließt uns die Gesundheit andere.*
> *André Gide*

Seit elf Jahren bin ich ehrenamtlich in der Krankenhausseelsorge tätig. In dieser Zeit habe ich sehr viel erlebt: mit den Kranken, mit dem Pflegepersonal, mit dem Seelsorgeteam, zu dem ich gehöre und das seine Zusammensetzung in all den Jahren immer wieder änderte.

Angefangen hat alles mit einem Kurs in Krankenseelsorge, in dem ich üben konnte, mit Kranken umzugehen. Dort, in einer Gruppe unter der Anleitung eines erfahrenen Krankenhauspfarrers, lernte ich, mich in andere hineinzudenken, ihnen zuzuhören.

Von Gesprächen mit Patienten fertigten wir Protokolle an, die wir dann in der Runde besprachen. Wir lernten uns auch untereinander kennen. Ich war überrascht, welches Bild die anderen Kursteilnehmer sich von mir machten.

Dieses Eingebundensein in eine Gruppe ist auch heute noch wertvoll für mich. Hier kann ich von meinem Erleben am Krankenbett berichten. Wir tauschen unsere Erfahrungen aus und denken über vieles nach, was uns wichtig ist. Solche Zusammenkünfte helfen mir, manche Nöte, die mir am Krankenbett anvertraut werden, besser zu verarbeiten. Das Leid anderer, auf das wir uns im Krankenhaus einlassen, geht nicht spurlos an uns vorüber.

Mit diesem Buch möchte ich vor allem diejenigen ansprechen, die etwas von ihrer Zeit erübrigen können und sich mit dem Gedanken tragen, Kranke zu besuchen und ihnen beizustehen. Ich möchte ihnen sagen, daß ich selbst oft beschenkt von diesen Besuchen nach Hause komme und auch selbst Seelsorge dabei erfahre.

Die Patienten, die für einige Zeit zur Untersuchung und meist auch zur Behandlung ins Krankenhaus kommen müssen, sind überwiegend sehr dankbar, daß ihnen »Kirche« so persönlich begegnet. In dieser für sie fremden Welt der medizinischen Apparate und Behandlungsmethoden nutzen viele die Gelegenheit, sich ihre Ängste von der Seele zu reden. Sie halten auch Rückschau auf ihr Leben. Angesichts schwerer Erkrankungen kommen ihnen neue Erkenntnisse, die sie mit dem Seelsorger besprechen möchten. Die Frage: »Warum gerade ich?« hören wir häufig.

Materielle Gesichtspunkte treten bei Kranken immer mehr in den Hintergrund, die menschlichen Beziehungen, oft auch die Beziehung zu Gott, werden neu überdacht. Ein unheilbar Kranker ahnt, wie wichtig es für ihn wird, mit sich und seiner Umgebung ins reine zu kommen. Letzte Dinge werden oftmals geregelt und das Gespräch mit Verwandten oder Freunden bekommt einen hohen Stellenwert.

Das vorliegende Buch versucht, das widerzuspiegeln, was Kranke erleben und was ich mit ihnen erlebe. Menschliche Schicksale kommen dabei zur Sprache. Die dabei genannten Anfangsbuchstaben entsprechen nicht den wirklichen Namen der Patienten. Auch sind in die hier geschilderten Begegnungen mit Kranken meine langjährigen Erfahrungen bei ähnlich gelagerten Fällen eingeflossen. Um die Diskretion zu wahren, habe ich bei allen Betroffenen die Namen, die Einzelheiten und die Umstände verändert.

Ausgewählte Verse und Gebete haben sich für manche Patienten als hilfreich erwiesen, sie fühlten sich darin verstanden. Ich machte im Laufe der Jahre die Erfahrung, daß nicht jedes Gebet für jeden Kranken paßt. Die Situation des Patienten und seine Reife, auch seine Gesinnung, spielen dabei eine Rolle.

Die Bilder sollen die Verletzlichkeit, die erfahrenen Leiden der Besuchten, aber auch die Schönheit jedes einzelnen verdeutlichen.

In der Anonymität unserer heutigen Gesellschaft ist es mit Sicherheit wichtig, auf alte und kranke Menschen zuzugehen und sie ein Stück weit zu begleiten. Wie hoch Jesus den Dienst am Kranken einschätzt, sagt er in Matthäus 25,40: »Was ihr einem unter diesen meinen geringsten Brüdern getan habt, das habt ihr mir getan.«

1.
*Im Krankenhaus.
Eine fremde Welt*

Menschen stellen Fragen.
Wenn einer weit weg, in der Ferne
krank wird oder stirbt, berührt sie
das nicht.
Wenn es einer
aus derselben Straße ist,
aus dem eigenen Haus,
einer, den man nicht missen
möchte,
oder wenn man es selbst ist,
dann kriecht das »Warum« aus
allen Ecken.
Unausgesprochen steht es im Raum,
liegt es auf allen Lippen.

Phil Bosmans

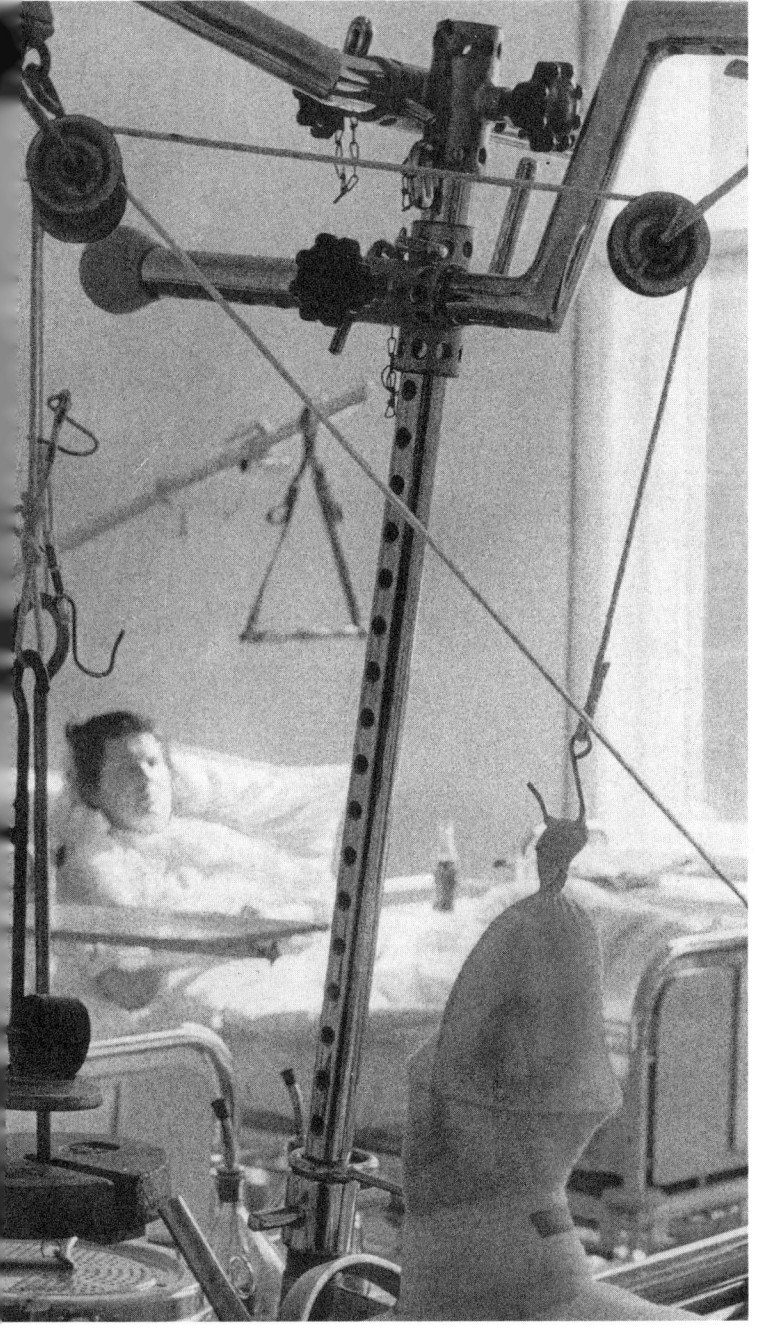

Der allererste Besuch

Ich war sehr gespannt, wie es mir am Krankenbett bei meinen ersten Besuchen ergehen würde, nachdem ich die dreimonatige theoretische Ausbildung des Krankenseelsorgekurses absolviert hatte. Patienten aus meinem Bekanntenkreis hatte ich natürlich schon öfter besucht, aber nun, ehrenamtlich in der Klinikseelsorge tätig, wollte ich meine Sache gut machen und das anwenden, was ich über aktives Zuhören und Gesprächsführung neu gelernt hatte.

Krankenhauspfarrer X., mein Mentor in der Münchner Klinik, in der ich nun tätig sein wollte, berichtete mir von seinen Erfahrungen als Seelsorger, und ich war froh, daß er mich beim ersten Gang zur Station begleitete. In der Sakristei neben der Kirche innerhalb des Klinikkomplexes holten wir uns Sonntagsblätter und Spruchkarten, und ich überprüfte – etwas nervös – vor einem Spiegel mein Aussehen. Wir gingen lange Gänge entlang – es roch nach Desinfektionsmitteln. Patienten und Schwestern begegneten uns, draußen in den Grünanlagen huschte ein Eichhörnchen vorbei.

Im Stationszimmer der Station 11 begrüßte Pfarrer X. die über Akten gebeugte Stationsschwester und stellte mich als neue Mitarbeiterin der evangelischen Seelsorge vor. Ich erfuhr, daß ich die zu besuchenden Patienten anhand kleiner Karteikarten nach dem Abc geordnet finden würde.

Vor der Türe des Krankenzimmers, in dem wir nun einen Besuch machen wollten, informierte mich Pfarrer X. darüber, daß die junge Patientin nach einem schweren Autounfall schon monatelang in diesem Zimmer liegt. Nach längerer Bewußtlosigkeit mußte sie mühsam die Sprache neu erlernen, darüber hinaus versagten auch die Beine ihren Dienst. »Was für ein Schicksal«, ging es mir durch den Kopf. Pfarrer X. machte mich mit der jungen Patientin bekannt. Sie konnte nur langsam sprechen und suchte immer wieder nach Worten, um uns von den kleinen Fortschritten zu berichten, die sie in der vergangenen Woche gemacht hatte. Bald darauf verabschiedete sich mein Begleiter von uns und erklärte der Kranken, daß ich als neue Mitarbeiterin in der Seelsorge sie in Zukunft besuchen würde.

Nun saß ich der jungen Frau allein gegenüber und fragte sie, was die kleine Schiefertafel auf dem Tisch bedeutet. Große, ungelenke Buchstaben waren darauf zu sehen. »So lerne ich wieder zu schreiben«, erklärte mir die Patientin mit wehmütigem Blick. Ich glaube, mir stand die Erschütterung über all das, was ich sah und hörte, ins Gesicht geschrieben. Bei diesem ersten Besuch wagte ich noch nicht, mit der jungen Frau darüber zu sprechen.

Kurz darauf kam eine Krankengymnastin, die sie auf einem Stehbrett festschnallte. Die Kranke kam mir nun doppelt hilflos vor, vor allem, als in Abständen ein Zittern durch ihren Körper ging. Mehr Freude machten ihr die gymnastischen Übungen auf einer Matratze am Boden.

Mit guten Wünschen verabschiedete ich mich nun von der jungen Patientin, da während dieser Behandlung kein Gespräch mehr möglich war. Wir verabredeten einen weiteren Besuch für die nächste Woche. »Wieviel kann ein Mensch ertragen?« fragte ich mich, als ich aus dem Zimmer ging. Es tat mir gut, meine Gefühle nach diesem ersten Krankenbesuch im Nachgespräch mit Pfarrer X. reflektieren zu können.

Diese ersten »Gehübungen« sind wohl für alle Neulinge in der Krankenseelsorge nicht einfach. Es kostet Überwindung, völlig fremde Menschen in der eigenartigen Welt des Krankenhauses zu besuchen. Erinnerungen an eigenes durchlittenes Kranksein kommen hoch, und das ist durchaus kein angenehmes Gefühl.

Erst allmählich wurde mein Auftreten sicherer, mein Anklopfen mutiger. Ich spürte, daß sich die meisten Patienten über meinen Besuch freuten. Für Langzeitkranke war ich bald keine Fremde mehr, sie erwarteten mich schon. Nicht selten schickte ich ein kurzes Gebet zum Himmel – und das tue ich auch heute noch: Gott möge mir die rechten Worte im Gespräch geben.

Teamarbeit in der Seelsorge

»Wie bist du eigentlich zu dem Besuchsdienst im Krankenhaus gekommen?« So werde ich gelegentlich gefragt. Ich denke, einer der Gründe dafür war die schwere Krebserkrankung meiner Mutter. Als junge Frau mit 24 Jahren erschütterte mich das sehr. Ich besuchte meine Mutter oft, und die Gespräche, die wir führten, sind mir nach über 30 Jahren noch sehr gut im Gedächtnis. Meine Mutter sprach in großer Offenheit über ihre Erkrankung. Ich erlebte ihre Hoffnungen, Traurigkeiten, Schmerzen – und zuletzt ihr Einverständnis mit ihrem Tod. Ihre inzwischen fast unleserlich gewordenen Karten und Briefe aus dieser Zeit habe ich bis heute aufbewahrt.

Gut zwanzig Jahre später waren meine Kinder flügge geworden, und es war abzusehen, daß auch der Jüngste aus dem Haus gehen würde. Das war die Zeit, in der ich mir überlegte, was ich neben der Arbeit im kleiner gewordenen Haushalt tun wollte. Ich hatte herausgefunden, daß mir Gespräche mit alten oder kranken Menschen Freude machten. Damals wurde ich auf einen Krankenseelsorgekurs aufmerksam, der auf ökumenischer Basis von zwei Krankenhauspfarrern in einer großen Münchner Klinik abgehalten wurde. Mit elf anderen Kursteilnehmern lernte ich in der Gruppe anderen aufmerksam zuzuhören, mitzuempfinden und mir über Erlebtes eine Meinung zu bilden. Psychologische Grundbegriffe, auch theologische Fragen, wurden erörtert. Als wir dann im Laufe des Kurses Besuche am Krankenbett machten, wurden Gesprächsprotokolle angefertigt und besprochen.

Deutlicher als bisher wurden mir während dieser Seelsorgeausbildung meine Stärken und Schwächen bewußt, die sich bis in die Gespräche mit anderen auswirken. Eine wichtige Erkenntnis war für mich: Indem ich mich akzeptiere wie ich bin, habe ich die Möglichkeit, mich zu verändern. Heute, elf Jahre später, weiß ich, daß dieser Weg der richtige für mich war. Ich bin gern in der Krankenseelsorge tätig.

Ich gehöre zu einem Seelsorgeteam von Pfarrern und Ehrenamtlichen. Bei unseren regelmäßigen Treffen besprechen wir schwierige Gespräche und Situationen am Krankenbett und tauschen unsere Erfahrungen aus. Hilfreich sind dabei gelegentliche Gesprächsprotokolle, in denen aus dem Gedächtnis notiert wird, was der Seelsorger mit dem Patienten gesprochen hat. Hat er richtig reagiert? Wir überlegen uns an wichtigen Stellen im Protokoll auch andere mögliche Antworten. Dabei steht immer die Frage im Raum: Ist das, was ich äußere, für den Patienten hilfreich? Engt es ihn ein, weiche ich von dem für ihn gerade wichtigen Thema ab, helfe ich ihm, einen eigenen Weg für seine Zukunft zu finden? Es kommt auch vor, daß wir uns einen einzigen Begriff aus einem solchen Gespräch vornehmen und gemeinsam darüber nachdenken.

Bei solchen Nachbesprechungen lerne ich, daß es nicht ganz einfach ist, mich in der Gruppe zu behaupten und gleichzeitig auf die Äußerungen der anderen zu achten, die gelegentlich sehr von meiner eigenen Meinung abweichen. »Einer spricht und die anderen hören zu«, ist in unserer Runde eine feste Regel, die es einzuhalten gilt.

Da wir alle bereits mehrere Jahre in der Krankenseelsorge tätig sind, stellen wir fest, daß es verschiedene Fragen von Patienten gibt, die in den Einzelgesprächen immer wieder vorkommen. So etwa:»Warum straft mich Gott mit dieser Krankheit?« oder: »Den anderen geht es immer gut, warum bin ich so ein Pechvogel, ich bin doch auch nicht schlechter als die anderen.« Wir merken, daß unsere Antworten darauf nicht immer die gleichen sind, aber das gemeinsame Nachdenken darüber ist wichtig, vor allem, wenn wir die Umstände kennen, in denen der Fragende sich gerade befindet.

Für jede(n) einzelne(n) im Seelsorgeteam ist es wichtig zu wissen, daß sie (er) kompetente Ansprechpartner hat, wenn es um Hilfe zum Gespräch mit den Patienten geht. Darüber hinaus entwickelt sich ein freundschaftliches Verhältnis untereinander. Auch Glaubensfragen haben in dieser Runde ihren Platz. Wir treffen uns zweimal im Monat. Seelsorgetreffs gibt es auch in größerem Rahmen. Die evangelische Kirche finanziert für ehrenamtliche Mitarbeiterinnen und Mitarbeiter in der Klinikseelsorge Fortbildungsseminare. Hier wird unter der Anleitung von Krankenhauspfarrern im größeren Kreis über wichtige Fragen nachgedacht. Themen wie »Seelsorge im Umfeld der Depression« oder »Mein Glaube in der Begegnung mit anderen Glaubensformen« finden große Resonanz. Die Möglichkeit, sich einer biblischen Geschichte einmal anders als durch eine Predigt zu nähern, erlebte ich durch die Teilnahme an einem Bibliodrama.

Wichtig sind darüber hinaus in meiner Klinik die Kontakte zur katholischen Seelsorge, die wie wir auf den Stationen Besuche macht. Daneben gibt es Treffs mit den Sozialarbeiterinnen des Krankenhauses sowie mit den Damen vom Roten Kreuz. Bei den recht unterschiedlichen Bedürfnissen der Kranken ist es sinnvoll, sich zu deren Wohl untereinander zu verständigen.

Wenn ich zu meinen Stationen gehe, treffe ich auf die türkischen Mitarbeiterinnen, die wie gute Heinzelmännchen für Sauberkeit sorgen. Auch unter den »Bettenfahrern« kenne ich manche Gesichter, ein freundlicher Gruß wird zwischen uns gewechselt. Ich bin ein Teil der großen Schar derer, die sich um das Wohl der Kranken sorgen und fühle mich in langen Jahren mit vielen verbunden.

wußten sie schon,
daß die nähe eines menschen
gesund machen
krank machen
tot und lebendig machen kann?
wußten sie schon,
daß die nähe eines menschen
gut machen
böse machen
traurig und froh machen kann?
wußten sie schon,
daß das wegbleiben eines menschen
sterben lassen kann,
daß das kommen eines menschen
wieder leben läßt?
wußten sie schon,
daß die stimme eines menschen
einen anderen menschen
wieder aufhorchen läßt,
der für alles taub war?
wußten sie schon, daß das wort
oder das tun eines menschen
wieder sehend machen kann
einen, der für alles blind war,
der nichts mehr sah,
der keinen sinn mehr sah in dieser welt
und in seinem leben?

> *wußten sie schon,*
> *daß das zeithaben für einen menschen*
> *mehr ist als geld,*
> *mehr als medikamente,*
> *unter umständen mehr*
> *als eine geniale operation?*
> *wußten sie schon,*
> *daß das anhören eines menschen*
> *wunder wirkt,*
> *daß das wohlwollen zinsen trägt,*
> *daß ein vorschuß an vertrauen*
> *hundertfach auf uns zurückkommt?*
> *wußten sie schon,*
> *daß tun mehr ist als reden?*
> *wußten sie das alles schon?*
> *wußten sie auch schon,*
> *daß der weg vom wissen über das reden*
> *zum tun interplanetarisch weit ist?*

Wilhelm Willms

Drei Gespräche an einem Vormittag

Hämatologische Abteilung. Es ist neun Uhr, als ich im Stationszimmer ankomme. Ich notiere die Namen der Patienten, die ich an diesem Vormittag besuchen will.

Herr Sch. ist mir schon von einem früheren Krankenhausaufenthalt her bekannt. Wir begrüßen uns wie alte Bekannte, wobei ich mich an das damals geführte Gespräch noch recht gut erinnere. Der Patient leidet an einer Geschwulstkrankheit des Knochenmarks. Er kommt von auswärts und muß wieder behandelt werden.

Er berichtet mir von seinem Alltag, von seiner Familie. Dann kommt er bei seinen Ausführungen an einen wichtigen Punkt: Herr Sch. erinnert sich zurück an die Zeit, als er die Diagnose für seine lang andauernden Beschwerden hörte. Zuerst war er völlig verstört, grübelte darüber nach, weshalb gerade er so krank werden mußte. »Ich kämpfte gegen diese Erkrankung«, verdeutlicht er mir seine damaligen Gefühle. »Ich wollte die Krankheit schnell wieder loswerden, es war eine große Unruhe in mir.«

Heute kämpft er nicht mehr, er setzt seine Kräfte sinnvoller ein. Wenn er zur Behandlung in die Klinik muß, läßt er sich von den Ärzten die nötigen Maßnahmen erklären und vertraut darauf, daß die vorgeschlagene Therapie im Moment das beste Mittel ist, die Krankheit in Schach zu halten. Zuhause kann er leichte Arbeiten verrichten und hofft, daß ihm das möglichst lange gelingt. Die Religion gibt ihm Kraft in seinem Leben, er befaßt sich aber nicht ständig mit religiösen Fragen.

Ich gewinne den Eindruck, daß Herr Sch. sich zwar der Schwere seiner Erkrankung bewußt ist, aber trotzdem ein weitgehend normales Leben führt. Wie schon bei anderen Patienten betone ich im Gespräch mit ihm, daß ich es als Geschenk, aber auch als Weisheit betrachte, daß er so mit seiner Krankheit leben könne, wie er es mir eben geschildert hat.

Mein Kommentar ermuntert Herrn Sch. zu weiterem Gedankenaustausch. So höre ich, daß sich seine erste Frau von ihm getrennt hatte, nachdem sie einen Mann kennenlernte, von dem sie meinte, daß er besser zu ihr passe. Herr Sch. verkraftete dieses Verlassenwerden lange nicht und nahm die Hilfe eines Therapeuten in Anspruch. Allmählich ging es ihm besser, und er lernte bald darauf seine jetzige Frau kennen.

Als geschiedener Katholik konnte Herr Sch. nicht wieder kirchlich heiraten und ist, wie er mir mitteilt, auch von den Sakramenten ausgeschlossen. Ob es so harte Entscheidungen von der evangelischen Kirchenleitung aus auch gäbe, fragt er mich. Ich verneine die Frage. Geschiedene können hier nach Klärung der Ursachen und der neuen Situation kirchlich getraut werden. Die Teilnahme am Abendmahl wird nicht verweigert.

Herr Sch. spricht mich dann auf einen Patienten an, der in hohem Alter noch Bestrahlungen hinnehmen muß und trotzdem eine große Gelassenheit ausstrahlt. Ich weiß, von wem er spricht, und meine auch, daß hinter einer solchen Haltung eine große innere Kraft stecken muß.

Nach einer Stunde verabschiede ich mich von Herrn Sch. und gehe zum nächsten Patienten, einem noch jungen Mann. Ich klopfe etwas zaghaft an die Türe. Wie wird er reagieren, wenn ich mich als Vertreterin der Kirche vorstelle? Eine kräftige Männerstimme ruft: »Herein«. Herr P. liegt im vorderen Bett, das zweite Krankenbett im Zimmer ist frei. Dadurch sind bessere Voraussetzungen für ein offenes Gespräch gegeben, falls der etwa 30jährige Mann das möchte.

Daß ich von der Krankenseelsorge komme, nimmt der blonde, sehr schmale Patient gut auf. Meine Bedenken waren also unbegründet! Er stellt sich vor und erwähnt schon im zweiten Satz, daß er wegen einer Lungenentzündung da ist und homosexuell sei. Das Fieber ist abgeklungen. Es tut ihm sichtlich gut zu hören, daß sein Anderssein mir keine Schwierigkeiten macht. Wir sprechen über die HUK-Gruppe (Homosexuelle und Kirche) im Norden von München. In seiner offenen Art berichtet mir Herr P., wie seine Eltern verstört reagierten, als sie von seiner Veranlagung und dann von seiner Aids-Erkrankung hörten.

Mit ruhiger Stimme spricht er von einem Sterbeseminar, das er vor kurzem absolvierte. Das habe ihn innerlich sehr viel weiter gebracht. Nun erlebe ich, was bei Schwerkranken oft der Fall ist: Nachdem Herr P. mit großer Gelassenheit über diese »letzten Dinge« sprach, wendet er sich wieder der Gegenwart zu. Ich höre von seiner Hoffnung, noch ein paar Jahre zu leben. Das Denken an den bevorstehenden Tod und an die Trauer, die er damit seinen Angehörigen zufügen wird, schließt nicht aus, daß er sich, beinahe im selben Atemzug, wieder dem Leben zuwenden kann. Aus diesen Worten des Patienten spricht Geborgenheit. Sie erinnern mich an den 18. Psalm: »Er streckte seine Hand aus von der Höhe und holte mich und zog mich aus großen Wassern.«

Ich spreche mit Herrn P. über diese Gedanken, die mir bei seinen Worten kommen.

Es ist nicht verwunderlich, daß dieser katholische Kranke sich den Besuch eines Priesters wünscht, damit er ihm die Beichte abnimmt. Mein Patient wird zum Essen in den Aufenthaltsraum gebeten und verabschiedet sich mit dankbaren Worten von mir. Mir gibt die Mittagspause die Gelegenheit, den Beichtwunsch an die richtige Stelle weiterzuleiten.

Nach dem Essen bin ich etwas erschöpft. Ich besuche aber noch einen älteren Herrn, den ich bereits kenne und der wegen einer bösartigen Geschwulst wochenlang Bestrahlungen verkraften muß. Sein Appetit ist durch die Behandlung geschwunden. Ich erschrecke bei seinem Anblick: Wie mager er geworden ist!

O Gott, denke ich, warum muß ein 70jähriger noch so viel erdulden? Ich bewundere ihn, wie sorgfältig er sich trotz allem kleidet und mir bei meinem Kommen sofort einen Stuhl herbeiholt. Er äußert seine Bedenken, ob nach den vorerst noch fünf geplanten Bestrahlungen die Geschwulst denn ganz verginge? Wir sprechen davon, wie sehr er das Ende der Behandlung herbeisehnt. Weiter stellt sich für ihn die Frage, ob ihn nicht später dieses Leiden wieder einholt. Ich kann ihm nichts versprechen, nur mit ihm hoffen und Gott für ihn bitten.

Der alte Herr sieht auf die Uhr, er muß zur Bestrahlung.

»Ob Sie mich ein Stück weit begleiten?« fragt er mit charmantem Lächeln. Er hakt sich bei mir ein und meint scherzhaft: »Jetzt meinen die Leute, ich hätte eine Freundin.« Wir gehen den langen Gang in Richtung Ausgang entlang. Ich kann nach Hause gehen, er muß zur Bestrahlung. Zum Abschied gibt er mir galant einen Handkuß. Ich freue mich über diese Geste eines Kavaliers der alten Schule. Wieviel Zeit ihm noch gegeben ist, weiß ich nicht. Ich wünsche ihm viel Trost und Kraft für seinen Weg, den er seit dem Tod seiner Frau vor zwei Jahren allein gehen muß.

Beim Nachhausegehen fällt mir noch eine Bemerkung von ihm ein: »Der Krebs paßt doch gar nicht zu mir, finden Sie nicht auch?« Ja, das finde ich auch. Er wirkt mit über 70 Jahren noch sehr vital und unternehmungslustig. Weshalb er diese Krankheit ertragen muß, das ist auch für mich ein Rätsel.

Gespräche mit Ärztinnen, Ärzten, Schwestern und Pflegern

Es ist gar nicht so einfach, mit denen, die rund um die Uhr für die Kranken da sind, ins Gespräch zu kommen. Dazu trägt der Personalmangel bei den Pflegekräften bei, und außerdem sind wir von der Seelsorge in gewissem Sinn Fremdkörper im Stationszimmer. Ein weiterer Grund ist für mich als ehrenamtliche Mitarbeiterin der, daß ich nur zweimal in der Woche im Besuchsdienst tätig bin. So ist auch meine Zeit knapp bemessen und reicht nicht dazu aus, bei der Arztvisite oder bei den Stationsbesprechungen dabeizusein. Nach meiner Erfahrung entsteht erst nach häufigen Begegnungen mit Ärzten, Studenten im praktischen Jahr, Schwestern und Pflegern ein Vertrauensverhältnis, das über die normale Begrüßung hinausgeht.

Ich glaube aber, die meisten sehen mein Kommen mit Wohlwollen, und von manchen weiß ich, daß sie gelegentlich die Mitarbeiter des Seelsorgeteams beneiden, die sich die Zeit für lange Gespräche am Krankenbett nehmen können. Da sich Schwestern und Pfleger aus Zeitmangel nicht so intensiv um das seelische Wohl ihrer Patienten kümmern können, unterstützen sie unseren Besuchsdienst. Das Vertrauensverhältnis untereinander wächst, wenn wir uns gemeinsam um einen Patienten sorgen, wenn ich Auskunft brauche oder wenn gerade Zeit ist für die ernsthaft gemeinte Frage, wie es dem anderen geht. Das Beispiel für eine gute Zusammenarbeit zwischen einer Ärztin und mir möchte ich im folgenden schildern: Eine junge Medizinerin, die trotz der vielen Arbeit den Eindruck macht, daß ich sie ansprechen kann, frage ich, ob sie auf ihrer chirurgischen Station eine Kranke kennt, die besondere Anteilnahme nötig hat. »Ja«, meint sie nach kurzem Überlegen, »da fällt mir Frau D. ein.« Ich höre, daß die junge Frau zum zweiten Mal am Arm operiert werden mußte. Die Ärztin war bei dieser zweiten Operation dabei, besuchte die Kranke danach öfter, auch außerhalb der Visite. Trotz all dieser Zuwendung spreche die Patientin kaum mit ihr und enttäusche sie sehr durch ihr unfreundliches Verhalten. Mit freundlich-skeptischem Blick meint die Ärztin zu mir gewandt: »Vielleicht bringen Sie heraus, was sie hat.«

Das klingt in meinen Ohren wie eine Herausforderung, und ich gehe gleich zu Frau D.

Die junge Frau liegt allein im Zimmer und sieht traurig zu mir her, als ich sie begrüße. Ich setze mich an ihr Bett. Auf meine Frage nach ihrem Befinden antwortet sie anfangs nur das Nötigste. Dann komme ich auf ihre Operation zu sprechen, die wohl nicht leicht war. Da bricht es aus ihr heraus und sie berichtet in heftigem Tonfall davon, wie lange sie nun schon wegen des komplizierten Armbruchs nacheinander in zwei Krankenhäusern liege. Sie hat ein kleines Kind, das sie durch das viele Wegsein kaum kenne. »Wissen Sie, mir ist bald alles so wurst, ich glaub' bald gar nicht mehr daran, daß der Arm nochmal in Ordnung kommt«, klagt sie. Ihr trauriger, fast unbeweglicher Blick spricht Bände.

Mir geht sehr nahe, was sie sagt, vor allem als ich höre, daß sie auch mit ihrem Partner Probleme hat. »Sie haben viel Schlimmes erlebt in letzter Zeit, das macht Sie so traurig und mutlos«, versuche ich sie zu verstehen. Nachdem sie alles Schwere erzählen konnte, fühlt sie sich etwas besser. Ein Lichtblick für sie ist, daß sie bald zur Kur und Rehabilitation fahren kann. Ich unterstütze sie bei dem Gedanken, daß der Aufenthalt in Bad E., wo sie schon einmal war und Gutes erlebte, für sie eine Wende bedeuten könnte.

Als ich der Ärztin später wieder im Stationszimmer begegne, berichte ich ihr kurz davon, wie negativ sich das lange Kranksein auf die psychische Verfassung der Patientin auswirkt und daß ich der Meinung bin, daß das Kurzangebundensein der Kranken ihr gegenüber nichts mit ihrer Person zu tun hat. Die Wut der Kranken trifft ungerechterweise die junge Medizinerin, die nichts für den Unfall kann, aber nun ihrerseits enttäuscht ist, daß ihre Zuwendung kein positives Echo findet.

Als Außenstehende kann ich die Patientin, aber auch die Ärztin in ihren Reaktionen verstehen, und es freut mich, daß ich zwischen den beiden Frauen vermitteln kann. Die Medizinerin reagiert auf meine Erklärung sehr positiv und setzt sich dafür ein, daß die Kranke bald zur Nachbehandlung kommt, und daß dort auf ihren Seelenzustand Rücksicht genommen wird.

Diese eben erwähnte Verständigung zwischen der Ärztin und mir als Seelsorgerin zeigt, daß eine gewisse Zusammenarbeit zugunsten der Patienten im Krankenhaus möglich ist. Unter dem Siegel der Verschwiegenheit höre ich vom Pflegepersonal gelegentlich, wie es bestimmten Kranken geht, ob die Therapie anschlägt usw. Das »im Hinterkopf« zu wissen, hilft mir manchmal, Patienten besser zu verstehen in ihren Reaktionen. Umgekehrt ist auch Interesse bei den meisten Ärzten und Schwestern da, wenn ich glaube, daß meine Wahrnehmungen bei Patienten für sie von Wichtigkeit sein können.

Außenstehende dagegen erfahren nichts über Probleme oder gesundheitliche Befindlichkeiten eines bestimmten Patienten. Die Schweigepflicht schützt Kranke davor, daß Anvertrautes der Öffentlichkeit preisgegeben wird.

Manchmal kollidiere ich bei einem Besuch mit der Visite. Es ist unangenehm, wenn ich wegen des nötigen Arzt-Patienten-Gesprächs meinen Gedankenaustausch mit einem Kranken unterbrechen muß. Gelegentlich weicht in so einem Fall die Visite freundlicherweise aus, oder es heißt: »Bleiben Sie ruhig im Zimmer.« Wenn ich gerade über den Gang der Station gehe und der Arztvisite mit dem Karteiwagen begegne, kann ich verhindern, daß wir zur selben Zeit Kranke im gleichen Zimmer besuchen.

Eine Anerkennung von Seiten des Pflegepersonals sehe ich beispielsweise darin, daß ich auf meiner »Lieblingsstation« auf einem Plakat im Gang zur Information der Patienten ebenso wie das Pflegepersonal mit Namen und Bild vorgestellt werde. Eine lustige Karikatur verdeutlicht, was unter evangelischer und katholischer Seelsorge zu verstehen ist. Inzwischen trage ich es auch mit Fassung, wenn ich von Schwestern, denen ich mich bereits vorgestellt habe, trotz meines angesteckten Schildchens »Ilse Winter, Evang. Seelsorge« ab und zu gefragt werde: »Sind Sie die Dame vom Roten Kreuz?«

Gern berichte ich Ärzten und Schwestern davon, wenn

sich Patienten lobend über sie äußern. Die Freude darüber ist jedesmal groß – im direkten Gespräch mit den Kranken kommt die Anerkennung leider manchmal aus Gedankenlosigkeit etwas zu kurz. Jeder hört gerne ein Lob!

Besonders freue ich mich, wenn ich mit Medizinstudenten oder -studentinnen ins Gespräch komme, die sich dafür interessieren, was wohl der Ausdruck »Seelsorge« bedeutet. Ich staune dabei oft, wie sehr diesen jungen Menschen bereits Zusammenhänge zwischen Körper und Seele bewußt sind. Sie bedauern manchmal, daß solchen Fragen kein breiterer Raum während ihres Studiums gewidmet wird. In diesem Zusammenhang ist es wichtig, daß in der Pfleger- und Schwesternausbildung der Krankenhausseelsorger zu Wort kommt. Für angehende Pflegekräfte ist es auch sinnvoll, vermittelt zu bekommen, daß nicht jeder Kranke wieder gesund gemacht werden kann, sondern daß es ein wichtiger Liebesdienst ist, bei einem Sterbenden zu sitzen.

Obwohl Ärzte und Schwestern häufig sehr in Eile sind, ergibt sich auch mal ein persönliches Gespräch. Die Stationsschwester F. ist nur wenige Jahre älter als ich. Sie fühlt sich öfter überfordert von vielen organisatorischen Arbeiten. Darüber hinaus haben die »Jungen« oft eine andere Arbeitsauffassung als sie. Seufzend berichtet sie mir davon. »Ich pack' das bald nicht mehr«, entfährt es ihr. Ich höre ihr zu und tröste sie damit, daß die Pensionierung schon in Sicht sei. Wenn sie sich von mir, der beinahe Gleichaltrigen, verstanden fühlt, ist das auch ein Stück Seelsorge im Krankenhaus.

2.
Kranksein will ich nicht

Warum?

Das ist nicht mehr auszuhalten.
Ich kann und will die Frage nicht mehr unterdrücken:
Warum gerade ich?
Womit habe ich das verdient?
Ich stehe vor einem Rätsel, das ich nicht zu lösen vermag.

Ich habe mich bemüht, anständig zu leben,
und nun geht es mir so schlecht!
Bei anderen geht alles glatt.
Wo bleibt da die Gerechtigkeit?
Ich lehne mich auf gegen mein Schicksal.
Ich sehe keinen Sinn darin.
Du vielleicht, Herr?
Ich verstehe dich nicht mehr.

Verstehen kann ich nur noch deine Frage am Kreuz:
»Mein Gott, mein Gott, warum hast du mich verlassen?«
Und du erlaubst mir, daß auch ich so frage.

Ich erkenne kein Licht hinter meinem Kreuz.
Aber es tut mir gut, daß ich so fragen und klagen darf.
Herr, gib mir Menschen, die das mit mir aushalten können!

Eine Tür fällt zu

Heute treffe ich einen neu eingelieferten Patienten, Ende 40, gesunde Gesichtsfarbe. Eben verabschiedet er sich von einem Kollegen aus seinem Betrieb, der ihn mit fröhlichen Sprüchen aufzumuntern versuchte. Aber die Fröhlichkeit dieses Besuchers wirkte gekünstelt und anstrengend auf die Umgebung.

Als ich mich Herrn M. vorstelle, ist er sehr aufgeschlossen und gesprächsbereit. Er kennt die Diagnose für seine Unpäßlichkeit noch nicht. Er vermutet, daß sie mit einem Auslandsaufenthalt zusammenhängt. Mit seiner Frau verbrachte er vor einigen Monaten einen Urlaub in Indien. Seither fühlte er sich nie mehr ganz wohl. Jetzt möchte er sich durch eine gründliche Untersuchung Gewißheit verschaffen, woher dieser ungewohnte Zustand kommt.

Eine solche Situation ist nur schwer zu ertragen, das weiß ich aus eigener Erfahrung. So spreche ich mit Herrn M. darüber und wünsche ihm, daß er bald Klarheit bekommen möge.

Eine Woche später bin ich auf seinen Wunsch hin wieder an seinem Bett. Ich erschrecke, denn der Patient sieht sehr verändert aus. Sein Gesichtsausdruck zeigt tiefe Niedergeschlagenheit. Er kann diesmal nur mühsam sprechen und den Kopf kaum bewegen. Herr M. möchte mir berichten, was sich inzwischen ereignet hat. Seine Worte überschlagen sich, er ist sehr erregt. Der Patient erklärt mir, daß er sehr schwer erkrankt ist, so schwer, daß es für ihn keine Hoffnung mehr gibt. In seinem Körper hat sich Krebs ausgebreitet. Es ist so schlimm, daß auch keine Medikamente mehr helfen; sie wurden abgesetzt, kaum daß sie verordnet waren. »Ich lebe nur noch wenige Tage«, meint der Patient mit leiser und trauriger Stimme.

Ich bin erschüttert und sage es ihm. Mir fehlen die

Worte, um dazu Stellung zu nehmen. Ich sitze am Bett des Kranken, wir schweigen längere Zeit.

Die Aufregung, in der sich Herr M. befunden hat, legt sich etwas. So kann er wieder mühsam sprechen. Ich merke ganz deutlich, daß er sich mir mitteilen möchte. Er sagt, daß er die letzte Nacht kein Auge zugetan habe, seit er weiß, daß ihm nicht mehr zu helfen ist. Die schreckliche Nachricht hat ihn so überrumpelt, daß er keine Ordnung mehr in die Gedanken bringt, die ihm durch den Kopf gehen.

Auf meine Frage, ob er über all das mit seiner Frau sprechen könne, schüttelt er traurig den Kopf. »Wir können nicht darüber reden«, sagt er. So sucht er ganz offensichtlich das Gespräch mit mir, einer Vertreterin der Seelsorge. Diese Situation empfinde ich in diesem Moment als sehr schwierig. In meinem Innern spüre ich große Unsicherheit. Ich kenne diesen Mann noch sehr wenig. Was kann ihm wohl jetzt, angesichts des Todes, guttun?

Ich äußere die Vermutung, daß er in den abgelaufenen Jahren seines Lebens wohl viel Schönes und Schwieriges erlebt hat. Herr M. schaut sinnend vor sich hin und nickt. Ich lasse ihm Zeit, nachzudenken. Dann fahre ich fort, daß er sicher für vieles dankbar sei, für das Schöne, vielleicht aber auch für manches an Leid und Entbehrungen, denn gerade dadurch reifen wir Menschen.

Herr M. nickt zu meinen Worten und sagt leise, daß wohl beides zusammengehöre. Es ist wieder still im Raum, aber die Stille ist wohltuend. Später glaube ich, doch noch etwas sagen zu sollen. Vorsichtig taste ich mich heran: Ob er aus seiner Jugendzeit einen Choralvers oder ein Gebet kenne, frage ich ihn. »Nein, eigentlich nicht«, ist seine Antwort.

Menschliche Weisheit ist hier am Ende, denke ich. Was kann ein Seelsorger sagen, wenn dem Patienten kein Psalmwort oder Gebet geläufig ist? Mir fällt ein, daß ich in meiner Tasche ein Büchlein mit Gebeten dabei habe. Ich blättere kurz darin, bis ich die Zeilen finde, die einem Gebet gleichkommen. Die letzte Zeile lautet: »Mein Herz in deinen Händen ruht.«

Das ist eine Kurzfassung, die einen vom Tode Gezeichneten wohl nicht überfordert. Ich sage Herrn M. diese Worte ganz langsam vor und frage ihn, ob er das annehmen könne: Alle Sorgen fallen lassen und sich Gott in die Hand geben. Herr M. lächelt etwas. »Ja, das ist schön«, sagt er.

Er wirkt erschöpft. Ich selbst merke auch, daß mich diese Versuche, auf ihn einzugehen, viel Kraft gekostet haben. So frage ich ihn, ehe ich mich verabschiede, ob ich am Nachmittag noch einmal nach ihm sehen solle. »Ja, sehr gern«, ist seine Antwort.

Bis zum Nachmittag ist Herr M. in ein Einzelzimmer verlegt worden. Auf dem Gang höre ich Stimmen, die aus seinem Zimmer kommen. Ich klopfe an und stelle fest, daß das ganze Zimmer voll Besuch ist. So erkläre ich Herrn M., daß ich abends wiederkomme. Bei seinem Zustand so viel Besuch? Das kann doch nicht gut sein.

Gegen Abend ist nur noch die Frau des Patienten bei ihm im Krankenzimmer. Sie begrüßt mich, aber ich merke schnell an ihrer Miene und an ihren Worten, daß sie mich wieder loshaben möchte. Herr M. liegt matt in seinen Kissen, als ich ihn begrüße. Frau M. versucht, ihren Mann mit Pudding zu füttern, aber mit wenig Erfolg. Sie erklärt mir, daß sie angesichts seines Zustandes beschlossen habe, in seinem Krankenzimmer zu übernachten.

Am nächsten Morgen treffe ich Frau M. auf dem Gang der Station. Ihr Blick sagt mir, daß sie nicht möchte, daß ich nochmals ins Krankenzimmer komme. Ich kann auf dem Gang, wo wir uns begegnen, nur kurz Grüße bestellen, dann ist sie weg und schließt rasch die Tür hinter sich.

In diesem Moment fühle ich mich abgewiesen. Am Vortag hatte ich deutlich gemerkt, wie sehr Herrn M. daran lag, nochmal mit mir zu sprechen. Er wollte wohl mit sich und seiner nur noch kurz bemessenen Lebenszeit ins reine kommen. Solch ein Gespräch war nun nicht möglich, da seine Frau mit ihm allein sein wollte.

Bis zum Tod ihres Mannes nach wenigen Tagen war Frau M. an seinem Bett. Mit Sicherheit waren es schwere Tage für beide. Gott allein weiß, was sie in dieser Zeit empfunden haben, mit oder ohne Worte. Noch nach Wochen denke ich an die Gespräche mit diesem Kranken.

Meine Gedanken sind nicht eure Gedanken,
und eure Wege sind nicht meine Wege,
spricht der Herr,
sondern so viel der Himmel höher ist als die Erde,
so sind auch meine Wege höher als eure Wege
und meine Gedanken als eure Gedanken.

Meine Hand hat alles gemacht, was da ist,
spricht der Herr.
Ich sehe aber auf den Elenden und auf den,
der zerbrochenen Geistes ist.
Ich will euch trösten,
wie einen seine Mutter tröstet.
Ihr werdet's sehen, und euer Herz wird sich freuen.

Aus Jesaja 55 und 66

Die Krankheit nicht wahrhaben wollen

Es ist ein warmer Sommertag und ich bin in guter Stimmung. Herr H., evangelisch, steht auf meiner Besuchsliste. Er teilt sein Krankenzimmer mit drei anderen Herren und sitzt, als ich den Raum betrete, neben seinem Bett. Das Buch, in dem er liest, legt er bereitwillig zur Seite und bietet mir einen Stuhl an.

Der Kranke hat ein offenes, freundliches Gesicht – sympathisch, denke ich. Ich höre, daß die Diagnose seiner Erkrankung noch nicht feststeht, die Untersuchungen laufen noch. Er fühlte sich in letzter Zeit nicht gut. »Aber«, meint Herr H., »es kann gar nicht so schlimm sein. Ich war noch nie ernstlich krank.«

Diese Bemerkung höre ich oft von Patienten. Sie fühlen sich jahrelang gesund und können es nicht fassen, daß dieser Zustand nun unterbrochen ist. Etwas funktioniert nicht mehr in ihrem Körper, das kann doch nicht wahr sein!

Herr H. wirkt recht jungenhaft, obwohl er als Familienvater schon zwei Töchter von sechs und zehn Jahren hat. Von seinen »drei Frauen«, wobei seine Ehefrau miteingeschlossen ist, spricht er mit viel Wärme. Für sie hat er ein Haus gebaut, und das Familienleben geht ihm über alles. Mit seinen Zimmergenossen steht Herr H. auf gutem Fuß. Das ist deutlich zu spüren, als er einem gehbehinderten Bettnachbarn behilflich ist. Es tut mir gut, einen Patienten kennenzulernen, der offensichtlich keine großen Probleme kennt.

Auch als wir uns etliche Tage später wiedersehen, ist Herr H. in guter Stimmung. »Nun weiß ich, was mir fehlt, eine Art Leukämie«, meint er, »aber die ist durch Infusionen in vier Wochen in den Griff zu kriegen. Dann bin ich wieder völlig gesund.« Er berichtet mir noch vom Besuch seiner Familie am Wochenende und strahlt dabei die mir schon bekannte Fröhlichkeit aus.

Herr H. hat also Leukämie. Ich weiß aus Erfahrung und durch Gespräche mit Ärzten, daß es mehrere Arten gibt. Die Ursache dieser Bluterkrankungen ist noch ungeklärt. Kinder mit der Diagnose Leukämie können heute zu einem hohen Prozentsatz geheilt werden. Bei Erwachsenen erzielt man durch Bluttransfusionen, Gaben von Antibiotika und Zytostatika eine Besserung oder Erleichterung der Krankheit. Bei richtiger Behandlung kann der Patient lange Zwischenzeiten ohne Symptome erleben. Neuerdings werden vereinzelt auch Heilungen durch Knochenmarkübertragungen erzielt. Was für eine schwere Zeit wird Herr H. vor sich haben, geht es mir durch den Kopf.

Herr H. muß nun mehrere Wochen behandelt werden. Manchmal ist er müde und spricht nicht viel. An anderen Tagen bastelt er mit viel Geschick an einer Puppenstube für seine Töchter. Ich bewundere, was ihm alles gelingt und sage ihm das auch. Im Gespräch mit seinen Zimmerkollegen merke ich, daß sie zum Teil ohne Beschönigung von ihrer Erkrankung reden. Auch bei der Visite wird über Behandlungsmaßnahmen gesprochen. So weiß allmählich jeder Kranke in etwa Bescheid über das Auf und Ab im Befinden der Leidensgenossen im selben Zimmer. Manchem wird es leichter ums Herz, wenn er sich mit anderen über sein Befinden austauschen kann.

Herr H. gehört nicht zu ihnen. Er ist immer bemüht, daran zu glauben, daß er bald gesund entlassen wird. Tatsächlich bessert sich sein Zustand nach einigen Wochen soweit, daß er nach Hause kann. Ich freue mich für ihn, denn nach mehrwöchiger Behandlung bekommt fast jeder Patient irgendwann den »Krankenhauskoller« und glaubt, es nicht mehr auszuhalten auf der Station.

Monate später treffe ich Herrn H. wieder. Zur Arbeit

konnte er in der Zwischenzeit nicht gehen, aber er wäre wohl bald wieder soweit, meint er. Diesmal äußert er: »Ich weiß, daß ich Leukämie habe, aber das ist doch auch nicht anders als ein Schnupfen.« Erstaunt schaue ich ihn an. So hatte ich das bisher von keinem Patienten gehört. Ich muß mich einen Moment fassen, ehe ich antworte: »Sie meinen also, die Krankheit Leukämie kann Ihnen auch nicht mehr anhaben als ein Schnupfen?« – »Na klar, so ist es doch auch«, meint er mit trotziger Miene und schneidet dann ein anderes Thema an. Er schimpft auf die Ärzte, auf die Schwestern und auf das Essen, das ihm nicht schmeckt.

In dieser Zeit, die von Zorn auf seine Umgebung erfüllt ist, befindet sich Herr H. wohl in der zweiten Phase, die die Ärztin Dr. Kübler-Ross in ihrem Buch »Interviews mit Sterbenden« beschreibt. (Sie geht von fünf Phasen aus, die ein Sterbender vor seinem Tod durchläuft. Vgl. Seite 133 ff.) Er wehrt sich gegen seine Situation durch Aggression gegenüber seiner Umgebung. Bald darauf lerne ich auch seine blonde junge Frau kennen, die zu Besuch kommt. Als ihr Mann zu einer Untersuchung beordert wird, bittet sie mich um ein Gespräch. Wir gehen in den Aufenthaltsraum, wo wir in Ruhe reden können.

Frau H. bricht in Tränen aus und schildert mir, wie sehr sich ihr Mann in der letzten Zeit verändert hat. Sie kann mit ihm kaum mehr über Dinge reden, die ihre Familie oder das neugebaute Haus betreffen. Auch über seine Krankheit schweigt er sich aus. Die Töchter ziehen sich vom Vater zurück, sie scheuen den Umgang mit ihm.

»Das ist jetzt sehr schwer für Sie«, sage ich teilnehmend zu der jungen Frau und lege meine Hand auf ihren Arm. Allmählich faßt sie sich wieder.

Ich spreche mit ihr darüber, daß ihr Mann sehr unter seiner Krankheit leidet, seinen Schmerz aber nicht zum Ausdruck bringen kann. So wirkt er auf die Familie verschlossen und depressiv. »Achten Sie sehr auf seine Worte«, empfehle ich Frau H. »Falls er doch Andeutungen macht, über seine Sorgen reden zu wollen, dann lassen Sie sich darauf ein.« Etwas erleichtert verabschiedet sie sich von mir.

Später äußert Herr H. noch verbittert, daß er keinen Wert mehr auf die Behandlung auf dieser Station legt. Ich sehe ihn nicht mehr. Er will sich künftig von seinem Hausarzt behandeln lassen. Bald darauf höre ich, daß Herr H. verstorben ist.

Es war Herrn H. ganz offensichtlich nicht möglich, seinen Kummer über seine Erkrankung zu äußern oder hinauszuschreien. Er bagatellisierte sie, solange es ging. Dann packte ihn die Verzweiflung. Ob er sich in der letzten Phase seines Lebens noch seiner Frau oder Gott anvertrauen konnte? Ich weiß es nicht.

3.
Hinter jedem Fall steht ein Mensch

Von guten Mächten treu und still umgeben,
behütet und getröstet wunderbar,
so will ich diese Tage mit euch leben
und mit euch gehen in ein neues Jahr.

Noch will das alte unsre Herzen quälen,
noch drückt uns böser Tage schwere Last,
ach, Herr, gib unsern aufgeschreckten Seelen
das Heil, für das Du uns geschaffen hast.

Und reichst Du uns den schweren Kelch, den bittern
des Leids, gefüllt bis an den höchsten Rand,
so nehmen wir ihn dankbar ohne Zittern
aus Deiner guten und geliebten Hand.

Doch willst Du uns noch einmal Freude schenken
an dieser Welt und ihrer Sonne Glanz,
dann woll'n wir des Vergangenen gedenken,
und dann gehört Dir unser Leben ganz.

Laß warm und hell die Kerzen heute flammen,
die Du in unsre Dunkelheit gebracht,
führ, wenn es sein kann, wieder uns zusammen.
Wir wissen es, Dein Licht scheint in der Nacht.

Wenn sich die Stille nun tief um uns breitet,
so laß uns hören jenen vollen Klang
der Welt, die unsichtbar sich um uns weitet,
all Deiner Kinder hohen Lobgesang.

Von guten Mächten wunderbar geborgen,
erwarten wir getrost, was kommen mag.
Gott ist bei uns am Abend und am Morgen
und ganz gewiß an jedem neuen Tag.

Dietrich Bonhoeffer

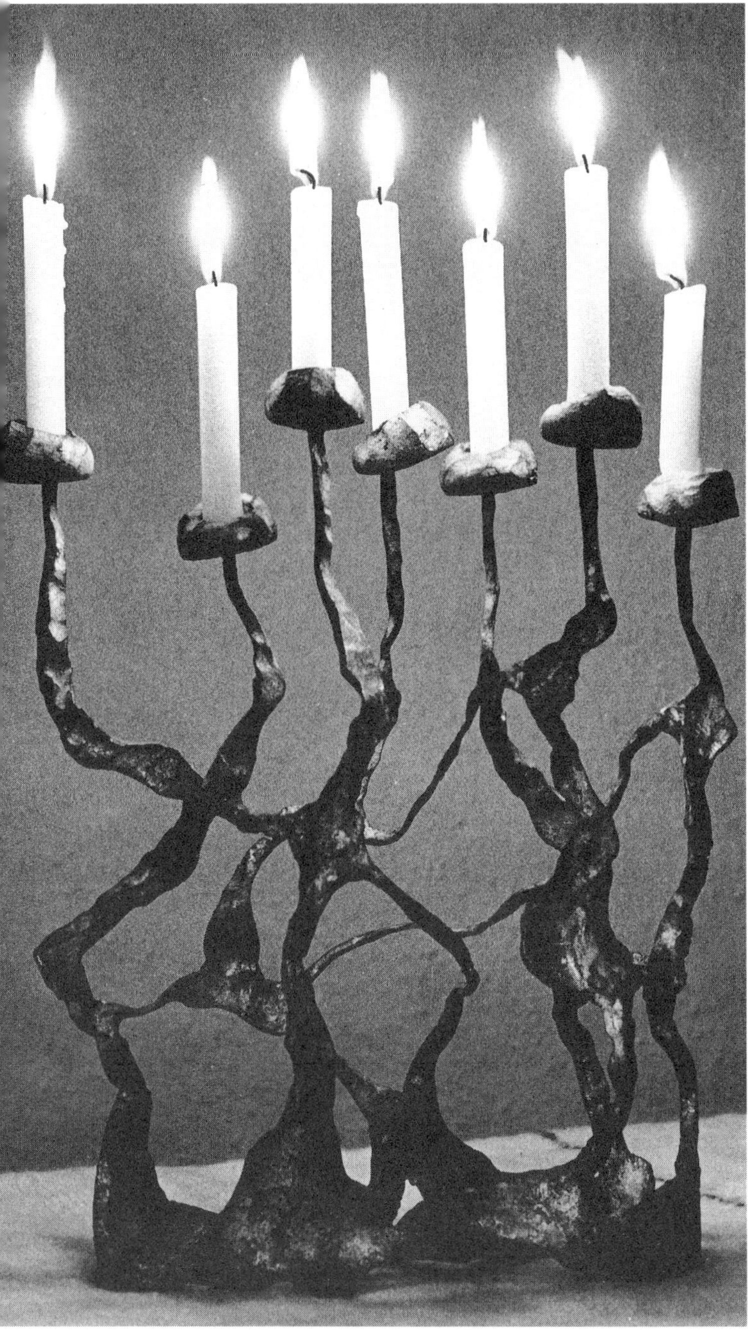

Gott tut alles fein zu seiner Zeit

Als ich Herrn F. kennenlerne, liegt er in einem Mehrbettzimmer. Aus den Angaben der Karteikarte weiß ich, daß er Anfang 40 ist. Er wundert sich ganz offensichtlich über das fremde Gesicht – er sieht mich verblüfft an. Als ich mich ihm vorstelle, ist er nicht unhöflich, zeigt aber ein Stirnrunzeln. Er hört, daß ich keine Pfarrerin bin, sondern zweimal in der Woche ehrenamtlich als Mitarbeiterin der Seelsorge Besuche mache. »Und das machen Sie so neben Ihrem Haushalt?« fragt er verwundert. Ich erkläre ihm, daß drei meiner Kinder schon aus dem Haus sind und nur noch der Jüngste bei uns Eltern wohnt. »Ich finde, eine Frau gehört ins Haus«, meint er dazu.

Dann erzählt er von seinem Befinden. Er fühlt sich schon seit einiger Zeit erschöpft. Bei einer Blutuntersuchung wurde festgestellt, daß er Leukämie hat. Er sagt das mit sehr ernster Stimme und fügt hinzu, aus einem Gespräch mit dem Arzt wisse er, daß er nur noch einige Wochen zu leben hätte, wenn er sich nicht einer stationären Behandlung unterziehe. So ist er nun hier, um sich in das Unvermeidliche zu schicken. Wir vereinbaren, daß ich ihn wieder besuche. Das Schicksal von Herrn F. geht mir sehr nah.

Beim nächsten Mal erfahre ich, daß er die verordnete Chemotherapie relativ gut verträgt. So ist er wieder zu einem Gespräch bereit. Er lebt bei seiner Mutter, die beiden haben nach dem frühen Tod des Vaters ein sehr gutes Verhältnis zueinander. Frau F. kommt trotz ihres fortgeschrittenen Alters täglich zu ihrem Sohn ins Krankenhaus. Wie schön, daß sie ihm die schwere Zeit erleichtert.

Etwas später lerne ich Frau F. kennen. Sie sitzt am Bett des kranken Sohnes. Schon bald spricht sie mit mir wie mit einer alten Bekannten. Doch als die Ärzte und Schwestern zur Visite kommen und wir auf den Gang hinausgebeten werden, bricht die alte Dame in Tränen aus. Ein Schluchzen schüttelt ihren Körper.

Ich führe Frau F. behutsam in den Aufenthaltsraum, wo wir ungestört miteinander reden können. Sie ist sich bewußt, daß ihr Sohn sehr schwer krank ist und meint: »Er ist doch das einzige, was ich noch habe.« Ich höre ihr zu und versichere ihr, daß ich auch traurig bin. Rasch trocknet sie ihre Tränen, weil ihr Sohn nichts von ihrem Kummer merken soll.

Ich krame in meiner Tasche nach einem Zettel, um Frau F. meine Adresse und Telefonnummer aufzuschreiben. Es wird ihr guttun, eine Anlaufstelle für ihre Sorgen zu haben. Statt eines leeren Blattes finde ich eine Spruchkarte mit dem tröstlichen Vers von Bonhoeffer: »Von guten Mächten wunderbar geborgen ...« (s. Seite 42).

Nachdem ich die nötigen Angaben auf die Rückseite geschrieben habe, frage ich Frau F., ob ich ihr die Worte auf der Vorderseite vorlesen dürfe. Ich sage ihr, daß der Theologe den Text verfaßt hat, als er selbst in größten Nöten im KZ saß. Als ich zu Ende gelesen habe, wiederhole ich noch einmal den Schluß: »Gott ist mit uns am Abend und am Morgen und ganz gewiß an jedem neuen Tag.« Ich füge hinzu, daß ich nicht weiß, ob meine Gesprächspartnerin in ihrem Leid Gottes Nähe spüren könne. Ich umarme Frau F., und sie nickt mir dankbar zu.

Dieses Erlebnis, das Vertrauen, das Frau F. mir entgegenbrachte, und das Mitfühlen mit Mutter und Sohn beschäftigen mich an diesem Tag noch sehr. Ich bin Gott dankbar, daß er dieses Zusammentreffen mit Frau F. so gefügt hat.

Während der nächsten Wochen geht es dem Patienten erträglich. Er kann dann für längere Zeit nach Hause. Es folgen ärztliche Kontrollen, und Herr F. fühlt sich überwiegend gut. Mit seiner Mutter kann er etliche schöne Fahrten mit dem Auto machen, und beide sind dankbar dafür. Als Hobbyfotograf hält er diese Ausflüge im Bild fest. Ich merke, daß er eine künstlerische Ader hat. Zur Ausübung seines Berufs reichen seine Kräfte nicht mehr, er muß verfrüht in Rente gehen.

Nach vielen Monaten ist wieder eine stationäre Behandlung fällig. Herr F. bekommt starke Medikamente und fühlt sich zeitweise elend. Oft sitze ich längere Zeit an seinem Bett. Bei diesen Besuchen treffe ich seine Mutter wieder. In großer Treue kommt sie täglich zu ihrem Sohn, obwohl sie oft erschöpft wirkt und einmal an seinem Bett zusammenbricht. Mit besorgtem Gesicht erzählt er mir davon.

Damit Herr F. mit keinen fremden Bazillen in Berührung kommt, dürfen Besucher zwei Wochen lang nur vermummt sein Einzelzimmer betreten. Mundschutz, steriler Kittel, Kopfschutz und Handschuhe sind nötig, um eine Ansteckung des Patienten zu vermeiden, da seine Abwehrkräfte sehr gering sind. Diese Zeit mit wenig Besuch ist für die Kranken psychisch sehr schwer zu verkraften.

Herr F. fühlt sich recht schwach. So sagt er einmal zu mir mit fragendem Blick: »Der Boß da oben könnte mir mal wieder helfen. Es wäre an der Zeit, daß es mir wieder besser geht.« Ich kann gut verstehen, wie sehr er sich danach sehnt, wieder zu Kräften zu kommen. Wir sprechen davon, daß Gottes Wille manchmal nicht zu durchschauen ist. Es kommen in diesen Tagen aber auch andere Erkenntnisse des Patienten zu Wort. Er ist dankbar für das Telefon an seinem Bett. So kann er jeden Abend mit seiner Mutter sprechen. Auch freut er sich über die Anteilnahme von Leuten, mit denen er bislang nicht sehr verbunden war. Diese schlimme Krankheit bringt ihm intensives Mitfühlen, das ihn zutiefst beglückt.

Einige Zeit später: Herr F. erwähnt mir gegenüber seinen Konfirmationsspruch: »Gott tut alles fein zu seiner Zeit« (Prediger 3,11). Ganz deutlich merke ich: In seinem

Innern hat sich eine Wandlung vollzogen. Er kann es jetzt geduldig abwarten, bis es ihm besser geht. Ganz ohne Hoffnung auf Besserung seines Zustandes kann er nicht leben, aber er kann den Zeitpunkt Gott überlassen.

Es rührt mich sehr an, daß er nun sagen kann: »Nicht mein, sondern dein Wille geschehe.« Ich sage ihm das, und wir haben beide das Gefühl, daß Gott uns ganz nahe ist.

Auch den behandelnden Ärzten und Schwestern ist der Patient mit seiner Mutter sehr ans Herz gewachsen, das ist deutlich zu merken. Es geschieht nicht oft, daß Kranke in solcher Offenheit über ihr Befinden und über ihre Gefühle sprechen können. Das ist auch für mich ein besonderes Erlebnis. Mutter und Sohn können noch etliche Wochen in Oberbayern verbringen. Dort besuche ich sie. Der Kranke liegt die meiste Zeit auf dem Sofa, die Mutter umsorgt ihn liebevoll.

Herr F. schaut dankbar auf sein Leben zurück. Er weiß, daß seine Lebenszeit sehr begrenzt ist, doch er lehnt sich nicht dagegen auf. Eine wohltuende, ruhige Atmosphäre ist im Raum zu spüren, als wir zusammen Kaffee trinken. Unausgesprochen klingt an: Gott tut alles fein zu seiner Zeit.

Immer mehr kann er eigene Wünsche in bezug auf Gesundheit und Lebensdauer zurückstellen. Er sagt Ja zu dem, was Gott für ihn bestimmt hat. Er kann auch über seinen bevorstehenden Tod sprechen. Mit der Mutter erörtert er, wo er begraben sein will. »Wie es jetzt kommt, ist es gut«, meint er am Ende seines Lebens. Diese Gelassenheit im wahren Sinn des Wortes ist wohl die größte Weisheit, die wir Menschen uns erbitten können. Als Frau F. mich zur Tür begleitet, wird sie von Weinen geschüttelt. »Mein Sohn ist schon auf sein Ende vorbereitet, ich kann es noch nicht fassen«, erklärt sie mir. Ich umarme die traurige Frau und mir kommen ebenfalls die Tränen. Als sie sich wieder gefaßt hat, verabschiede ich mich. Danach geht es mir durch den Sinn, daß der Kranke seiner Mutter schon einen Schritt voraus ist.

An einem sonnigen Herbsttag ruft Frau F. mich an und sagt mir, daß ihr Sohn gestorben ist.

Weil ich Herrn F. versprochen hatte, daß ich nach seinem Tod öfter nach seiner Mutter sehen werde, bin ich im Abstand von etlichen Wochen bei ihr in ihrer Wohnung. Sie freut sich sehr darüber.

Anfangs hat sie ganz deutlich das Bedürfnis, mit mir immer wieder über ihren Sohn zu sprechen. Sie vermißt ihn sehr, hat aber oft, wenn sie sein Foto anschaut, das Gefühl, daß er ihr sehr nahe ist.

Allmählich aber wird der Schmerz über den verstorbenen Sohn erträglicher. Es vergeht kaum ein Beisammensein, bei dem Frau F. nicht mit großer innerer Bewegung die Worte Bonhoeffers erwähnt, die sie während der Krankheit ihres Sohnes so sehr getröstet haben. Wenn liebe Menschen sie besuchen oder ihr eine andere Freude widerfährt, weiß sie sich, wie sie mit feinem Lächeln sagt, von guten Mächten wunderbar geborgen.

Was ich brauche

Brauche ich Gott?

Ich brauche Menschen,
deren Mut
den meinen weckt.

Ich brauche Menschen,
deren Mut mir zuruft,
daß Gott mich braucht.

Auch mich.

                                Kurt Marti

Aidspatienten

Bei meinen Besuchen komme ich auch in Zimmer, in denen Aidskranke liegen. Von der gefürchteten Immunschwächekrankheit sind überwiegend Männer betroffen, und die meisten von ihnen sind Homosexuelle. Andere sind Drogenabhängige, die sich durch den Gebrauch von unsauberen Nadeln infizierten. Am bedauernswertesten sind diejenigen unter den Kranken, die sich vor Jahren durch eine Blutübertragung ansteckten, was bei den heutigen Vorschriften so gut wie ausgeschlossen ist.

Patienten, die an dieser Krankheit leiden, bekommen nicht so häufig Besuch von Angehörigen wie etwa ein Krebskranker. Trotz aller Aufklärung haben immer noch viele Angst, einem Aidskranken die Hand zu geben und Kontakt mit ihm zu pflegen. Schwerwiegend ist außerdem, daß manche Eltern bei Ausbruch der Aidserkrankung ihres Sohnes erstmalig von seiner Homosexualität hören. Der Schock ist dann ein doppelter, und so brechen manche die Verbindung ab.

Oft kündigen Vermieter dem Immunschwäche-Erkrankten die Wohnung. Hinzu kommt nicht selten Arbeitslosigkeit – teils aus Angst vor Ansteckung von seiten des Arbeitgebers, teils weil der Kranke selbst körperlich nicht mehr in der Lage ist zu arbeiten. So kommt es, daß Aidskranke oft durch ein körperliches und seelisches Tief gehen. In solcher Verfassung sind sie häufig, wenn ich sie im Krankenhaus kennenlerne.

Einer fühlt sich von all seinen Sorgen fast erdrückt. Ich frage ihn, was ihn denn am meisten belaste. Ganz spontan äußert er, daß er nicht weiß, was aus seinem jugendlichen Freund wird, wenn er nicht mehr da ist. Er empfindet für ihn väterliche Gefühle und greift ihm auch finanziell unter die Arme. Als wir im Gespräch erörtern, was zu tun sei, erinnert sich der Patient an einen Bekannten, der

Rechtsanwalt ist und zumindest die finanzielle Angelegenheit regeln könnte.

Bei meinem nächsten Besuch schildert mir dieser Kranke voller Freude, daß nun schon alles in die Wege geleitet ist, um den jungen Mann finanziell abzusichern. Auch habe sein Bekannter ihm versprochen, sich um das seelische Wohl des Jungen zu kümmern. Ich freue mich mit dem Kranken, daß sich wenigstens eines seiner Probleme zu lösen scheint.

Ein Mann, Ende 20, macht kein Hehl daraus, HIV-positiv zu sein. Fast zwei Stunden höre ich ihm zu, weil ich merke, wie wichtig es für ihn ist, jemandem seinen ganzen Lebenslauf schildern zu können. Dann stellt er die Frage in den Raum, was denn wohl die Bibel zur Homosexualität sage.

Darauf antworte ich ihm, daß es im Neuen Testament etliche Stellen gibt, die die Homosexualität als verwerflich betrachten (Römer 1, 26,27 – 1. Korinther 6,9 und 1. Timotheus 1,10). Aber ich weise ihn auch darauf hin, daß man diese Texte heute vom Gesamtzeugnis der Bibel her interpretiert. Außerdem weiß man jetzt mehr über Homosexualität, so daß die Kirche nun weithin anders Stellung bezieht. Dies wird auch durch die Gruppen »Homosexuelle und Kirche« deutlich, die sich in verschiedenen Städten gebildet haben. In München hat die Landeskirche einen eigenen Beauftragten für die Seelsorge an Homosexuellen ernannt. In der HUK-Gruppe können, wie ich selbst miterlebte, vor Gleichempfindenden alle Nöte ausgesprochen werden, was den einzelnen erleichtert. Sie können hier offen reden und müssen nicht befürchten, mißverstanden zu werden.

Das interessiert bei meinem Besuch den Patienten sehr. Ob seine Partnerschaft, die ihm seit drei Jahren so viel bedeutet, wohl Sünde sei, will er von mir wissen. Ich erläutere ihm, daß die Kirche, vor allem die evangelische, heute weitgehend Verständnis für homosexuelle Veranlagung hat. Nach allem, was er mir von seiner Partnerschaft mitgeteilt hat, kann ich ihm versichern: »Weil Sie und Ihr Freund sich gegenseitig lieben und respektieren wie Mann und Frau in einer guten Ehe, glaube ich, daß Gott Ihre Gemeinschaft genauso akzeptiert wie eine Partnerschaft in der Ehe.«

Der junge Mann wirkt erleichtert und bedankt sich für das lange Gespräch. Für mich ist dieser Gedankenaustausch sehr anstrengend. Ich vertrete hier nicht nur meine eigene Meinung, sondern soll zugleich im Namen meiner Kirche sprechen. Ich komme mir vor wie bei einer Gratwanderung. Dabei möchte ich nicht zuviel, aber auch nicht zuwenig sagen.

Daß sich die Wünsche und Hoffnungen im Laufe von zwei Jahren wandeln können, erlebe ich bei einem anderen Aidskranken. Als ich ihn kennenlerne, spricht er offen über seine Erkrankung und über die Begrenzung der ihm noch verbleibenden Lebenszeit. Sein Ziel ist es, diese für ihn kostbare Zeit sinnvoll zu gestalten. So treibt er Sport, liest viel und führt Gespräche mit Menschen, die er gern mag. Die Trauer seiner Mutter über seinen gefährdeten Gesundheitszustand kann er verstehen, und er weiß auch, daß sie besonders an ihm hängt, seit sich der Vater von der Familie getrennt hat. Manchmal ist ihm die gutgemeinte Fürsorge zuviel und er geht auf Distanz zu ihr.

Etwa ein Jahr später wird deutlich, daß seine Kräfte abnehmen. Er zieht sich eine gefährliche Lungenentzündung zu. Mit Hilfe von Medikamenten und der rührenden Fürsorge der Pflegenden bessert sich sein Zustand wieder. Das gibt ihm neuen Lebensmut und er hofft, daß bald ein Mittel zur Heilung der gefährlichen Erkrankung gefunden wird.

Ich glaube, ihn verstehen zu können, hege aber in meinem Innern Zweifel daran. So beschränke ich mich auf die Antwort: »Wie sehr möchte ich Ihnen das wünschen.« Seine Hoffnung auf Heilung braucht er in dieser Phase noch, sie darf nicht zerstört werden.

Monate später treffe ich ihn wieder. Er hat sich sehr verändert! Sein Gesicht ist schmal geworden, er ist zu schwach, um aufzustehen. Ich bin sehr erschüttert bei seinem Anblick. Mit leiser Stimme berichtet er mir davon, daß er häufig Besuch von einem jungen Pfarrer der katholischen Seelsorge bekommt und großes Vertrauen zu ihm hat. Dieses Wissen, daß der schwerkranke junge Mann sehr gut betreut wird (ich kenne und schätze den Pfarrer), bestärkt mich darin, meinen Besuch abzukürzen, um ihn nicht zu überanstrengen. Zum Abschied äußert er mit wehmütigem Blick noch zwei Wünsche: Er möchte noch eine Bergwanderung unternehmen und ein letztes Weihnachtsfest feiern. »Die Krankheit hat Sie sehr bescheiden gemacht«, antworte ich dem Patienten und halte seine Hand in der meinigen.

Beim Hinausgehen denke ich daran, daß er ein Jahr jünger ist als mein jüngster Sohn. Wie schwer mag es seiner Mutter ums Herz sein!

Wenige Wochen später stehe ich seiner Mutter an seinem Grab gegenüber. Ich sage ihr, daß ich ihren Sohn bei meinen Besuchen im Krankenhaus kennenlernte und daß mich seine Art zu denken und mit der Krankheit zu leben sehr beeindruckte. »Ich mochte ihn gern«, versichere ich ihr mit einem warmen Händedruck. Sie ist unendlich traurig, lädt aber alle Trauergäste in ihre Wohnung ein und fügt hinzu, dieses Zusammensein sei im Sinne ihres verstorbenen Sohnes.

Grübeln

Das Zimmer ist nicht groß,
aber die Ärzte und Schwestern sind freundlich.
Da kann man nichts sagen.

Bloß, Herr, der Tag ist lang,
und die Decke fällt mir auf den Kopf.

Was soll ich tun?
Ob ich sitze oder liege,
ständig komme ich ins Grübeln.

Ich kann meinen Kopf nicht abstellen.
Viele Sachen fallen mir wieder ein.
Viele Sachen machen mir Sorgen.

Was soll ich tun, Herr?
Überlaß' mich nicht meinen trüben Gedanken
so allein!

Heinz-Günter Beutler

Probleme mit dem Alkohol

Nach etlichen Besuchen auf der Männerstation will ich gerade nach Hause gehen. Da sehe ich auf dem Gang in einer Nische einen jungen Mann sitzen. Ob ich ihn anspreche? Er sieht gerade zu mir her, und so gehe ich auf ihn zu. Sein offenes Gesicht gefällt mir, bald sind wir mitten im Gespräch.

Ohne Umschweife erzählt er mir, daß er leider zuviel getrunken hat und nun einige Tage auf der Station sein muß. Er zittert beim Sprechen, so hätte ich auch ohne seine Ehrlichkeit geahnt, daß er wohl einen Vollrausch hinter sich hat.

Der junge Mann wirkt sehr bekümmert, daß er wieder zur Flasche gegriffen hat, obwohl er, wie er beteuert, jetzt drei Jahre hintereinander trocken war. Auf meine Frage, ob er wohl einen Anlaß für das neuerliche Trinken hatte, fällt ihm nichts Stichhaltiges ein.

Er berichtet, daß er in der AA-Gruppe (Anonyme Alkoholiker) war. Dort gefiel es ihm gut und er fühlte sich verstanden. Vom Stationsarzt weiß ich, daß es auch hier im Krankenhaus eine derartige Selbsthilfegruppe gibt. Wer bereit ist, mitzumachen, kann sich während seines Krankenhausaufenthaltes dieser von einem Therapeuten geleiteten Gruppe anschließen. Alle Mitglieder sind Alkoholabhängige. Jeder leidet an derselben Sucht und ist bestrebt, davon loszukommen. Ohne Namensnennung berichten die Patienten von ihrem Ergehen und fühlen sich von den Leidensgenossen, die in der gleichen Situation stecken, besser verstanden als von wohlmeinenden Gesunden.

Die AA-Gruppe verfolgt mehrere Ziele. Eines heißt, für diesen heutigen Tag keinen Tropfen Alkohol anzurühren. Dieser Vorsatz muß jeden Tag neu gefaßt werden. Die Mitglieder bestärken sich gegenseitig darin, es immer wieder gemeinsam zu schaffen.

Alkoholsucht ist eine ernstzunehmende Erkrankung. Wer schwach wird und auch nur einen Tropfen zu sich nimmt, verfällt aufs neue dieser Krankheit. Nur eine Entziehungskur kann helfen und die Gruppe der Gleichgesinnten, damit der Süchtige trocken bleibt.

Den meisten Alkoholikern, denen ich im Krankenhaus begegne, sind diese Zusammenhänge klar. Aber viele haben nicht die Kraft, ihre Vorsätze auf Dauer in die Tat umzusetzen.

Wenn sie Probleme haben oder mit alkoholkranken

Freunden in der Gaststätte sitzen, greifen sie erneut zum Glas. Meist merken sie zu spät, daß dies nur eine Scheinlösung war.

So ist es außer dem täglichen Training wichtig, daß Alkoholiker mit einem Therapeuten in Kontakt stehen, um auftretende Probleme zu besprechen.

Viele Suchtkranke sind völlig mittellos, ohne Bekannte, da es keiner mit ihnen aushält und sie ihr Geld immer wieder in Alkohol umsetzen. So landen sie auf der Straße, im Männerwohnheim oder im Gefängnis. Wenn der Vater oder die Mutter zum Trinker oder zur Trinkerin geworden ist, leidet die ganze Familie darunter.

Zurück zu dem von mir besuchten jungen Mann: Er spürt selbst, daß er durch das neuerliche Trinken seine Selbstachtung verloren hat. »Ich schäme mich vor meiner Frau.« Nach Gesprächen mit dem Stationsarzt und mit seiner Frau ist er bereit, für mehrere Wochen zu einer Entziehungskur in eine Spezialklinik zu gehen. »Das ist noch einmal eine Chance zum Neuanfang«, meint er. Ich bestärke ihn darin und sage ihm, daß ich es ihm zutraue, so vom Alkohol loszukommen.

Um mir zu beweisen, wie ernst es ihm damit ist, wieder ein normales Leben zu führen, zieht der Patient einen Zettel aus der Tasche. Darauf sind alle AA-Gruppen im Münchner Raum verzeichnet. Er überlegt sich bereits, welche Gruppe er aufsuchen will, wenn er aus der Kur zurück ist.

Der junge Mann bedankt sich, daß ich ihm zugehört habe und meint, meine Anteilnahme habe ihn darin bestärkt, daß er zuversichtlich sein könne.

Flinke Blinde auf der Zuckerstation

Gerade bin ich bei der Treppe angelangt, die in den zweiten Stock zur Zuckerstation für Frauen hinaufführt. Da treffe ich auf eine Schwester, die eine junge Blinde zur Treppe geleitet. Die Patientin hält sich einen Augenblick am Geländer fest, in der anderen Hand hat sie einen Blindenstock. Ich vermute, daß sie nun langsam und vorsichtig die Treppe hinaufgehen wird. Aber das Gegenteil ist der Fall: Zu meiner Überraschung springt die Kranke behende die Treppe hinauf und tastet dabei immer die Stufe vor sich mit dem Stock von links nach rechts ab. Auch als ihr jemand von oben entgegenkommt, verlangsamt sie ihre Schritte nicht. So gelangt sie vor mir sicheren Schrittes auf ihrer Station an und verschwindet in einem Zimmer.

Im Stationszimmer notiere ich mir die Namen der Patienten, die ich besuchen will und freue mich, als ich kurz darauf dieser jungen Frau gegenüberstehe. Nach den ersten Begrüßungsworten sage ich ihr, daß ich beobachtet habe, wie sie kurz zuvor so schnell die Stufen hinaufgestiegen ist, daß ich ihr gar nicht folgen konnte. Ich wäre sonst aus der Puste gekommen.

Sie lacht, und ich merke, wieviel Charme sie hat, obwohl ein Auge unbeweglich ist. Neben sich auf dem Bett hat sie ein Strickzeug liegen. Als ich sie darauf anspreche, meint sie, es ginge ganz gut mit dem Stricken. Ich will wissen, was sie macht, wenn ihr eine Masche aus Versehen hinunterrutscht. »Dann hole ich sie eben wieder herauf«, antwortet sie. Dabei lacht sie wieder ihr unbeschwertes Lachen. Schon nach wenigen Minuten der Unterhaltung fasziniert mich, daß sie sich kaum von einer sehenden jungen Frau unterscheidet. Es geht eine ansteckende Fröhlichkeit von ihr aus.

Weiter höre ich von ihr, daß sie eigentlich Medizin studieren wollte. Nach ihrer Erblindung hatte sie sich aber entschlossen, Masseuse zu werden. Dieser Beruf gefällt ihr nun sehr gut. »Da komme ich mit vielen Leuten zusammen und sie erzählen mir von sich. Auf ihre Worte einzugehen, ist mindestens so wichtig wie die Massage.«

Mich interessiert, ob sie aufgrund einer Zuckererkrankung blind geworden sei, und sie bestätigt meine Vermutung. Sonst sei sie aber recht gesund, fügt sie hinzu. Dann erzählt sie mir von ihrem Freund. Sie kann ein weitgehend normales Leben führen, trotz ihrer Behinderung.

Mit 17 Jahren ist sie erblindet, das liegt nun sechs Jahre zurück. »In der ersten Zeit war es schlimm für mich«, räumt sie ein, »weil meine Pläne nicht mehr realisierbar waren. Aber es sollte wohl so sein, ich habe mich inzwischen damit abgefunden. Die Blindheit gehört nun zu mir, ich hadere nicht mehr deswegen. Ich bin heute viel christlicher als früher. Durch diese Einstellung ertrage ich meine Blindheit so gut.« Sie kommt sich nicht bedauernswert vor, sondern meint, ihr Leben habe nun mehr Tiefgang als vor der Erblindung.

Während des Gesprächs merke ich, daß ich diese junge Frau schon vor etlichen Jahren auf derselben Station besucht habe. Als sie das hört, glaubt sie, sich auch wieder an mich zu erinnern.

Dieser Besuch ist wie ein Geschenk für mich, die sympathische junge Blinde strahlt so viel natürliche Heiterkeit auf mich aus, die mich zuversichtlich und glücklich zugleich macht. Dankbar denke ich heute noch an diese Begegnung zurück. Trotz ihrer Behinderung kann die junge Frau ihr Leben als von Gott gesegnet betrachten und wird noch manchen Menschen in ähnlicher Lage Lebensmut geben können.

4.
Was passiert mit mir?
Besuchererfahrungen

Herbstwünsche

*W*urzelschlagen
in der Zeit
und den Sturm aushalten,
das wünsch' ich dir und mir:

Im Wind wiegen
ohne zu brechen.
Im Sturm singen
trotz allen Leids.
Die Blätter fallen lassen
nicht die Köpfe.
Den Frost aushalten
und Kraft schöpfen.
Den Erdrutsch überdauern
und neu grünen.

Wurzelschlagen
in der Zeit
und den Sturm aushalten,
das wünsch' ich dir und mir!

        Heinz-Günter Beutler

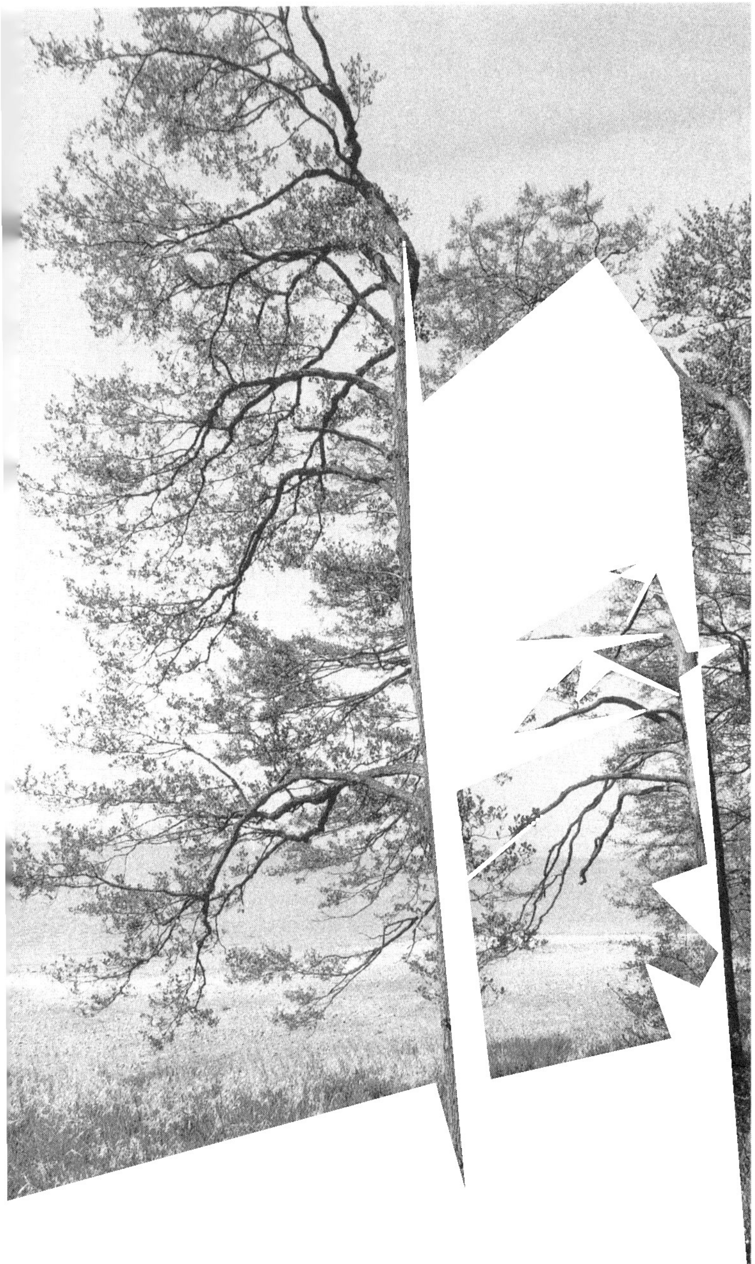

Regeln für Besuche im Krankenhaus

Jeder von uns kommt immer wieder in die Lage, Bekannte oder Verwandte im Krankenhaus zu besuchen. Durch unser Kommen zeigen wir den Kranken, daß wir Anteil an ihrem Ergehen nehmen. Wichtig ist es, die Besuchszeiten der Klinik zu kennen. Falls der Zustand des Patienten sehr ernst ist, sollte man sich erst erkundigen, ob ein Besuch angebracht ist und ob der Kranke Besuch empfangen darf. In Tagen schwerer Erkrankung kann ein Brief oder eine Karte sinnvoller sein als ein Besuch.

Was bringe ich dem Patienten mit?
Ich überlege mir, welches kleine Geschenk den Kranken wohl erfreuen kann. Liest er gern? Bei älteren Patienten, die nicht mehr gut sehen, ist ein Heft mit Großdruck zu empfehlen. Mag sie gern Blumen? Die Krankenschwestern werden dankbar sein, wenn ich der Blumenfreundin keinen zu großen Strauß mitbringe. Die Nachttische sind ohnehin mit allerlei notwendigen Kleinigkeiten belegt. Auch sollten die Blüten keinen zu starken Duft verbreiten. Besuche ich eine Diabetikerin, sind herkömmliche Pralinen nicht das richtige Mitbringsel. Mit etwas Phantasie und Nachdenken wird jeder das Richtige auswählen können.

Ich muß Zeit haben
Einen Krankenbesuch kann ich nicht im Vorbeigehen machen. Wenn ich am Bett des Kranken stehenbleibe, obwohl genügend Stühle im Raum sind, bekommt er leicht das Gefühl, daß ich in Eile bin. Dabei wollte er mir vielleicht gerade heute ausführlich von seinem Ergehen erzählen. Auch jeder heimliche Blick auf die Uhr wird bestimmt registriert.

Auf den Zustand des Patienten achten
Während ich am Bett des Kranken sitze, höre ich nicht nur, was er oder sie spricht. Ich erweise mich als sensibel, wenn ich nonverbale Zeichen des Kranken beachte. Mag sein, daß er nervös wirkt, weil ich zuviel erzähle, anstatt ihm zuzuhören, was er berichten will. Der Kranke kann erschöpft sein und sich wenig am Gespräch beteiligen. In solchen Fällen ist es wichtig, ehrlich zu sagen, was mir auffällt: »Du wirkst müde. Sage mir bitte, wenn dir die Unterhaltung zuviel wird.«

Den Patienten mit seinen Augen sehen
Ich komme als Gesunder an das Bett des Kranken. Der Patient hat eine Operation hinter sich und klagt mir sein Leid. Vielleicht ist er gerade in einem Gemütszustand, der mir angesichts seiner Erkrankung übertrieben erscheint. Dann ist es dennoch angebracht, hinzuhören, was der Kranke über sein momentanes Empfinden sagt. Ich sollte versuchen, ihn mit seinen eigenen Augen zu sehen. Er wird sich dann besser verstanden fühlen, als wenn ich ihm nachsichtig lächelnd antworte: Du siehst heute mal wieder alles zu schwarz.

Es kann andererseits auch sein, daß ich um die Schwere der Erkrankung des Besuchten weiß. Er aber scheint es zu ignorieren und spricht von einer Urlaubsreise, die er bald machen wird. Darauf zu antworten: »Du bist doch gar nicht dazu in der Lage, schlage dir das lieber aus dem Kopf«, wäre für den Patienten wenig hilfreich. Sich zu erkundigen: »Wohin möchtest du denn gerne reisen?« veranlaßt den Kranken vermutlich, seine geheimen Träume und Wünsche auszusprechen. Vielleicht ahnt er bereits, daß er nicht mehr gesund wird, sondern auf eine andere lange Reise gehen wird.

Keinen billigen Trost geben
Angenommen, ich besuche ein junges Mädchen, bei dem nach einem Autounfall nach ärztlicher Diagnose eine Gehbehinderung bleiben wird, und sie erklärt mir das, dann muß ich das ernstnehmen. Daß sie mir das anvertraut, zeigt, wie sehr sie das bewegt. Es wäre schlimm für sie, wenn ich mit dem billigen Trost antworten würde: »Keine Angst, das wird schon wieder.« Sie würde sich dann mit ihrem Problem alleingelassen fühlen. Besser wäre, zu entgegnen: »Der Gedanke daran ist bestimmt nicht einfach für dich.« Diese Worte geben der Kranken die Möglichkeit, Ängste in diesem Zusammenhang offen auszusprechen. Wenn ich das Mädchen gut kenne, kann ich sie nach solch einem Gespräch in den Arm nehmen. Der Körperkontakt wird in diesem Moment tröstlich für sie sein.

Kranke empfinden ihre Situation unterschiedlich
Besuche ich einen Patienten öfter im Krankenhaus, so kann es sein, daß ich ihn jedesmal in einer anderen seelischen Verfassung vorfinde, obwohl sich sein Krankheitsbild kaum verändert hat. Es ist deshalb angebracht, mit keinen bestimmten Erwartungen zu ihm zu gehen.

Tränen wirken befreiend
Wenn Patienten mir von ihrem schweren Schicksal berichten, kommen ihnen häufig die Tränen. Weinen wird durch große Gemütsbewegungen ausgelöst, etwa durch Traurigsein. Manchen ist es peinlich, daß sie weinen müssen, sie entschuldigen sich dafür. Da ich weiß, daß dieses »Zu-Tränen-gerührt-Sein« erlösend wirkt, bitte ich die Kranken, sich ihrer Tränen nicht zu schämen.

Angehörige von Patienten erschrecken angesichts der Tränen. Ihre Reaktion ist häufig, das Weinen so schnell wie möglich zu stoppen: »Jetzt weine doch nicht«, sagen sie laut und erregt. In solchen Situationen greife ich gewöhnlich ein und sage ihnen, wie gut es dem Kranken tut, weinen zu dürfen. Mitweinen zu können und nicht den Starken spielen zu müssen, kann auch uns, den Besuchern, guttun.

Wie sich Krankenbesuche auf mich auswirken

Durch mein Zuhören und Miterleben bei Gesprächen mit Kranken verändert sich auch in mir einiges. Angesichts des Leids anderer stelle ich mir in meiner Betroffenheit häufig die Frage: Wie würdest du in dieser Situation reagieren?

Es gelingt mir, als der relativ Gesunden, nicht ganz, diese Frage für mich zu beantworten.

Einzelne Fälle, die ich im Krankenhaus erlebe, gehen mir bis ins Privatleben nach. Vor allem am Anfang einer seelsorgerlichen Krankenhausarbeit ist es nicht leicht, die eine oder andere Krankengeschichte mitzutragen. Im ersten Jahr auf Station bei Schwerkranken hatte ich manchmal das Gefühl: »Das schaffst du nicht mehr, dabei wirst du selbst depressiv.« Diese Krise erlebt wohl jeder Krankenseelsorger.

Eine große Hilfe war mir das Besuchsteam, wo sich die Möglichkeit bietet, schwierige Krankengespräche zu besprechen und Rat zu holen. Ich habe dann immer mehr gewagt, schwerkranke Menschen bis zu ihrem Tod zu begleiten, auch wenn ich dadurch mit meinem eigenen Ende konfrontiert werde. Heute leide ich nicht mehr so sehr darunter, wenn ein Patient schwer krank ist oder auch sein Tod schon abzusehen ist. Ich versuche, dem Kranken nahe zu sein, aber gleichzeitig weiß ich auch in meinem Innern, daß sein Schicksal nicht mein Schicksal ist. Wenn ich nach Hause gehe, kann ich mich inzwischen meistens soweit distanzieren, daß ich mein eigenes Leben führe.

Durch die Begleitung Kranker wird mir die Endlichkeit meines eigenen Lebens neu bewußt. Ich setze neue Maßstäbe für mein Leben: Einen Teil meiner Zeit möchte ich für andere freihalten, ein offenes Ohr für sie haben, wenn sie mich brauchen. Aus Erfahrung weiß ich, daß ich aber auch Zeit für mich und meine Bedürfnisse brauche, um wieder neue Kräfte zu sammeln und Freude zu finden. Gespräche mit meiner Familie, mit Freunden, Spaziergänge, Lesen oder das Hören von guter Musik möchte ich nicht missen. Auch die Ruhe darf nicht zu kurz kommen, ich muß lernen, mit mir allein sein zu können, dadurch erschließt sich mir eine neue Welt – neue Einsichten können sich entwickeln.

Durch meinen Umgang mit den Kranken erlebe ich, daß es die unterschiedlichsten Lebensphilosophien gibt. Ich lerne, sie zu respektieren. Meine Familie meint, ich sei durch die Besuche mutiger und toleranter geworden. Ich gehe jetzt offener auf fremde Menschen zu und bin seltener enttäuscht, wenn mich jemand ablehnt.

Eine andere Feststellung ist, daß ich sensibler für andere geworden bin. Anhand ihrer Körpersprache und ihrer Äußerungen erkenne ich heute schneller als früher, in welchen seelischen Situationen Menschen sich befinden. Meine eigenen Gemütsbewegungen nehme ich häufiger wahr und ergründe, was ihre Ursache ist.

Besuche mit tiefgreifenden Gesprächen strengen mich mitunter sehr an, und ich brauche danach Ruhe. Alleinsein und Stille tun mir besonders gut. Ich versuche, mir bewußt Zeiten der Stille zu gönnen, um nicht »leerzubrennen«.

Über Schönes kann ich mich mehr freuen als früher: Kinder in ihrer ursprünglichen, nicht verformten Art entzücken mich, Musik läßt eine Fülle von Empfindungen in mir hochsteigen. Ein Spinnennetz, das in der Sonne glänzt, möchte ich mit dem Fotoapparat einfangen. Ich entdecke immer mehr Schönes in den einzelnen Jahreszeiten, die die Natur verwandeln. Die einfachen Dinge dankbar wahrnehmen zu können, das habe ich durch diese Arbeit gelernt.

Gesichter alter Menschen fangen für mich an zu sprechen, ohne daß die Menschen wirklich etwas sagen. Beziehungen zu anderen, die mich interessieren, werden mir immer wichtiger. Zeit für gute Gespräche, die mich anderen näherbringen, empfinde ich nie als verlorene Zeit. Nichtssagende Partys, wo viele durcheinander reden, ohne wirklich etwas zu sagen, meide ich.

Angesichts des vielen Leids, das mir begegnet, bin ich dankbar dafür, daß ich selbst seit vielen Jahren relativ gesund bin. Das eigene Aktivseinkönnen betrachte ich als ein Geschenk. Daß ich für »meine« Kranken beten kann, entlastet mich. Ich gebe alles Schwere an Gott weiter. Auch meine persönliche Gottesbeziehung wandelt sich durch diese Arbeit. Mein Kinderglaube vom lieben Gott kommt mir immer mehr abhanden. Am Krankenbett erlebe ich Gott als den unerklärlichen, den manchmal nicht wahrnehmbaren Gott, aber auch wiederum als den, der überraschend anwesend ist, der tröstet und sich seiner Menschen als Tröster bedient.

Sieh, sie brauchen irgendeinen,
der dabei ist in der Nacht,
wenn ihr weher Atem wacht
und sie einsam sind und weinen.

Sieh, sie müssen einen finden,
der sie schon im Schweigen kennt,
der, eh man die Wunde nennt,
schon am Werk ist, zu verbinden.

Glaubst du, Herr, ich könnte lesen
mit der armen Augen Kraft,
wie sie krank sind und genesen?

Sieh, ich möchte mich verteilen,
wie ein Becher seinen Saft –
Heiland, gib ihm Kraft zu heilen.

Albrecht Goes

Kann man wirklich trösten?

Gelegentlich höre ich die Anfrage an mich: Zu Kranken gehen und sie trösten, das ist doch wohl sehr schwierig? Dazu meine ich: Ein Krankenzimmer mit dem Anspruch zu betreten, »jetzt spende ich Trost«, wäre tatsächlich eine Hypothek. Trost zu geben, kann nicht vorprogrammiert werden. Es ereignet sich, daß ein Mensch getröstet wird, oder es ereignet sich nicht. Dennoch gibt es wichtige Voraussetzungen, daß Trost empfunden werden kann.

Trost brauchen wir, wenn wir in Nöten sind. Etwas hat uns aus dem Gleichgewicht gebracht, die gewohnte Sicherheit ist dahin. Bei den Kranken geht es zum größten Teil um ihre Gesundheit, wenn sie sich trostbedürftig fühlen. Sie sind aus ihrer Familie herausgerissen. Die vielen

Untersuchungen im Krankenhaus machen ihnen angst. Es dauert meist etliche Tage oder Wochen, bis eine genaue Diagnose der Erkrankung feststeht. Diese Unsicherheit verängstigt viele Kranke. Wenn in dieser Situation ein Gesprächspartner da ist, dem sie ihre Sorgen mitteilen können, kann das schon Trost bedeuten.

Falls die Diagnose feststeht und es sich dabei um eine ernsthafte Störung handelt, ist es wichtig, daß der Arzt in Ruhe mit dem Patienten darüber spricht, welche Therapie nun angewendet werden soll. Der Arzt kann die Krankheit nicht ungeschehen machen, aber er kann Zeit und medizinisches Wissen einsetzen, um dem Kranken zu helfen. Auch das Zugehen auf den Patienten, das Erklären und das Mitfühlen mit dem Hilfsbedürftigen trägt bereits zu dessen körperlicher und seelischer Besserung bei.

Trost können natürlich auch die Angehörigen geben. Sie haben meistens ein Vertrauensverhältnis zu dem Patienten, und ihr Kommen wirkt tröstlich.

In den Pfarrerinnen, Pfarrern oder uns Mitarbeitern in der Seelsorge sehen nicht wenige Kranke ebenfalls eine Person ihres Vertrauens. Ich spüre gelegentlich diesen Vertrauensvorschuß, wenn ich mich vorstelle und der im Bett Liegende bittet mich, Platz zu nehmen. Ich mache kein Hehl daraus, daß ich von der Krankenseelsorge komme. Aber ich darf niemanden mit Bibel, Gebet oder frommen Worten »erschlagen«. Christliche Angebote kann man vermitteln, aber es ist empfehlenswert, sich erst auf den Patienten und seine Gesinnung einzulassen, ihm zuzuhören, was er denkt und wie seine Art zu leben ist. Ich kann also unmöglich gleich mit einem Bibelspruch an sein Bett treten, ohne daß ich weiß, ob ihm solche Art zu denken oder zu empfinden geläufig ist. Ich warte ab, was von ihm kommt. Allerdings habe ich es auch schon so praktiziert, daß ich gelegentlich Patienten, vor allem Schwerkranke, frage: Hilft Ihnen Ihr Glaube in dieser Situation, besser mit Ihrer Krankheit fertig zu werden? Es liegt dann beim Kranken, was er darauf antwortet.

Außer den Krankengeschichten höre ich häufig ausführliche Lebensgeschichten. Patienten suchen also einen Ansprechpartner. Was aus dieser Begegnung wird, ist jedesmal ein Abenteuer mit offenem Ausgang.

Kranke reagieren sehr unterschiedlich auf die Schicksalsschläge, die sie treffen. Es ist tatsächlich wie ein Schlag, aus dem gewohnten Alltag gerissen zu werden. Da ist die Klage: »Warum ich?« sehr berechtigt. Ich fühle mich als Seelsorgerin erst einmal hilflos, wenn ein Kranker mir seinen großen Kummer klagt. Doch erlebe ich oft, daß das Aussprechen-Dürfen, ohne Rücksicht auf den Zuhörer nehmen zu müssen (wie das oft bei nahen Angehörigen der Fall ist, wo einer den anderen schonen will), den Patienten erleichtert. Er spricht sich alles von der Seele und läßt seinen Tränen freien Lauf. Wichtig ist es dann gerade, den geschilderten Schicksalsschlag als Zuhörer nicht zu beschönigen, sondern im Schweigen oder kurzen, teilnehmenden Worten den Patienten und seine Sicht zu verstehen. Das verlangt viel Einfühlungsvermögen, einer Gratwanderung vergleichbar. Daraus kann ein gegenseitiges Verstehen werden, das dem Patienten wie auch dem Besucher Trost vermittelt.

Bei mancher Begegnung gibt es Stellen im Gespräch, bei denen der Kranke oder der Seelsorger verweilen möchte. Dieses Innehalten kann zu neuen Einsichten verhelfen, es geht zuweilen wirklich »ein Licht auf«. Nach mehrfachen Besuchen ist oft eine Vertrauensbasis geschaffen, die den Kranken Mut macht, ihre Sorgen mit mir zu teilen. So kann es geschehen, daß sie durch dieses Aussprechen des »Angstmachenden« vor dem Seelsorger und oft auch vor Gott das »finstere Tal« durchschreiten. Das kann auch beim Nachdenken über einen Spruch oder über einen Liedvers geschehen. Ich frage schwerkranke

Patienten gelegentlich, ob sie möchten, daß ich ihnen einen Liedvers vorspreche, z. B. »Befiehl du deine Wege«, das sehr bekannte Lied von Paul Gerhardt.

Es gibt tröstliche Worte, die manchen bekannt sind und auf die sie mit Ruhe und Gelassenheit reagieren. Dabei löst sich eine innere Spannung, neue Hoffnung keimt auf. Vielleicht läßt sich so am ehesten der Begriff Trost umschreiben. Ich meine: Wenn sich Trost ereignet, ist Gottes guter Geist am Werk. Trost ist nicht machbar, wie auch Gottes Geist weht, wo und wann er will.

Ich selbst habe vor Jahren Trost empfunden, als ich vor einer Operation das Bibelwort las: »Wende dich zu mir, sei mir gnädig, stärke deinen Knecht mit deiner Kraft« (Psalm 86,16). Es stand in meinem Losungsbüchlein für den damaligen Tag. Dieses Wort gab mir Zuversicht, die Angst war gewichen, es war wie ein Wunder für mich.

Zuweilen gebraucht uns Gott als Tröster für andere Menschen. Das kommt zum Ausdruck, wenn eine Kranke mir nach einem Besuch zum Abschied sagt: »Es hat mir gut getan, mit Ihnen zu sprechen.«

5.
*Nicht nur der Körper leidet.
Seelische
Nöte und Konflikte*

Das Unglück läßt Gott auf eine Zeit abwesend sein, abwesender als ein Toter, abwesender als das Licht in einem völlig finsteren Kerkerloch. Eine Art von Grauen überflutet die ganze Seele. Während dieser Abwesenheit gibt es nichts, das man lieben könnte. Das Schreckliche ist, daß, wenn die Seele in diesen Finsternissen, wo nichts ist, das sie lieben könnte, aufhört zu lieben –, daß dann die Abwesenheit Gottes endgültig wird. Die Seele muß fortfahren, ins Leere hineinzulieben oder zumindest lieben zu wollen, sei es auch nur mit dem winzigsten Teil ihrer selbst. Dann eines Tages naht sich Gott selbst und zeigt sich ihr und enthüllt ihr die Schönheit der Welt, wie dies bei Hiob der Fall war. Hört aber die Seele auf zu lieben, so stürzt sie schon hienieden in etwas hinab, das fast der Hölle gleichkommt.

Simone Weil

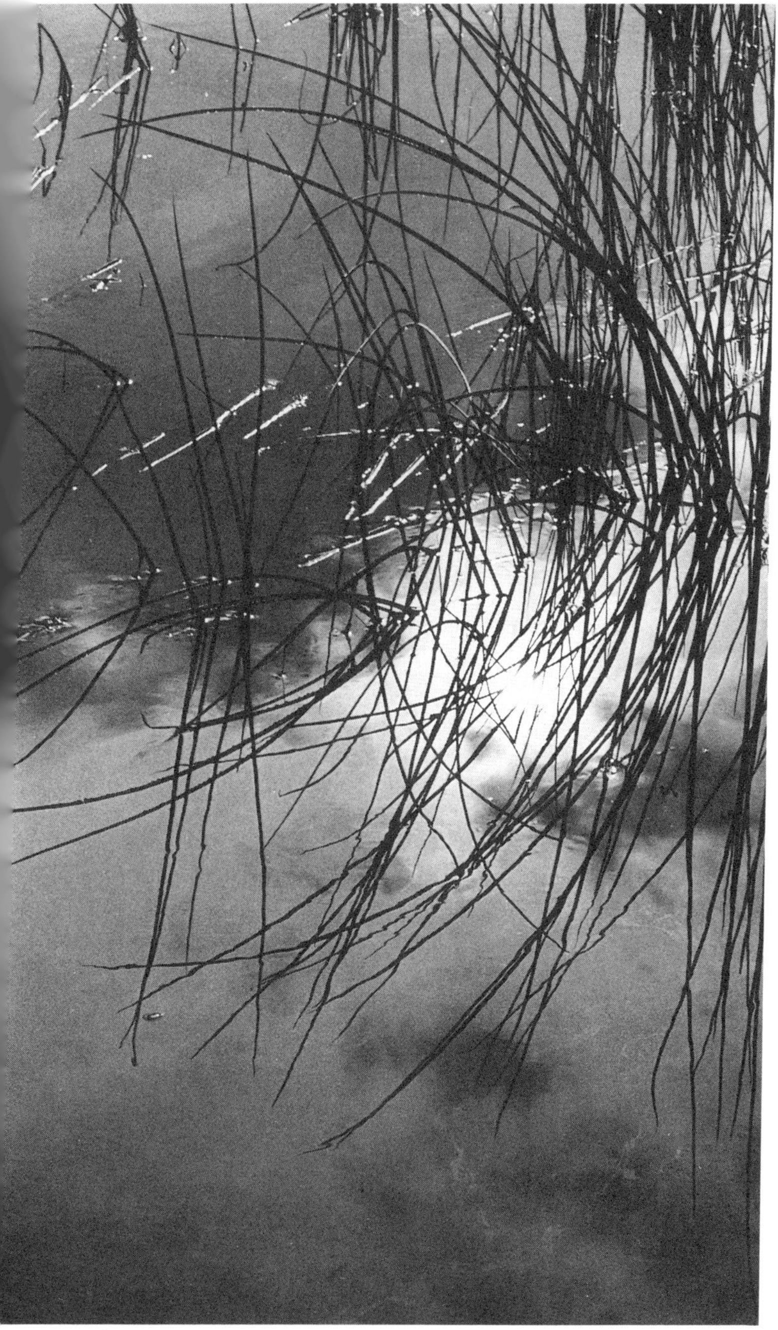

Sie sehen doch so gesund aus

Eine freundliche Frau mit einem offenen Gesicht und warmen Augen begrüßt mich und freut sich ganz offensichtlich, daß jemand von der Kirche sie besucht. Frau C. kommt von auswärts und ist in das Münchner Krankenhaus überwiesen worden. Das bedeutet, daß sie nicht jeden Tag Besuch von Angehörigen bekommt. Wie sie mir erzählt, ist es für die Patientin nicht leicht, von ihrer Familie getrennt zu sein. Sie hat neben der fast erwachsenen Tochter einen 15jährigen, schwerbehinderten Sohn zu betreuen.

Ihr Mann hat gerade Urlaub und vertritt sie zu Hause, das gibt ihr eine gewisse Beruhigung. Sie hört von den Ärzten, daß sie eine Bluterkrankung hat und deshalb eine längere stationäre Behandlung benötigt. Schwerkrank, von der Familie getrennt und daheim ein pflegebedürftiges Kind – welches Leid ist über diese Patientin gekommen, empfinde ich, als ich das höre.

Frau C. wirkt sehr ausgeglichen, während sie mir das alles anvertraut. Ich höre, daß sie jeden Sonntag mit ihrer Familie in der Kirche ist und daß sie aus den Predigten und aus ihrem Glauben Kraft schöpft für ihren Alltag.

Die erste längere Behandlung, bei der Chemotherapie eingesetzt wird, zieht sich über mehrere Wochen hin, und so lerne ich Frau C. näher kennen. An manchen Tagen strengt sie die Behandlung sehr an, sie ist traurig und erschöpft. Sie mag es gern, wenn ich in solchen Stunden einen Psalm mit ihr bete oder manchmal auch nur still an ihrem Bett sitze.

Endlich kann Frau C. wieder für ein paar Wochen nach Hause. In dieser Zeit rufe ich sie an und höre zu meiner Freude, daß es ihr gut geht.

Nun liegt Frau C. wieder auf der ihr vertrauten Station. Sie versteht sich gut mit den Ärzten und Schwestern, die sich liebevoll um sie kümmern und ebenso wie ich gern in ihrem Zimmer sind, soweit sie Zeit haben.

Die Kranke berichtet mir, daß sie nun schneller ermüdet daheim bei der Pflege ihres Sohnes. Auf meine Frage, ob niemand sie unterstützen könne, antwortet sie mir, daß Max immer sehr unwillig werde, wenn eine fremde Pflegerin in seine Nähe komme. Das habe sich auch bei mehrmaligen Versuchen nicht gebessert. Ihr Mann und die Tochter können nur abends mithelfen. Einmal hat die Tochter die Mutter gefragt: »Warum haben wir unseren behinderten Max, warum gerade wir?« Darauf die Mutter: »Der liebe Gott mag uns wohl besonders gern, deshalb vertraut er uns den Max an, damit wir gut zu ihm sind.«

Mir geht bei diesen Äußerungen durch den Kopf: Wieviel Liebe hat diese Frau in sich, daß sie trotz aller Belastung von einer Bevorzugung durch Gott sprechen kann, anstatt wie viele mit Gott zu hadern. Wenn ich von meinen Besuchen bei Frau C. nach Hause komme, denke ich viel über sie nach. Ich frage mich, ob ich an ihrer Stelle auch noch sagen könnte: »Was Gott tut, das ist wohlgetan.«

Frau C. ist wieder für längere Zeit bei ihrer Familie. Einmal ruft sie mich an und teilt mir voll Freude mit, daß ihr Gemeindepfarrer sie besucht habe und daß seine Anteilnahme ihr gut getan hat.

Während ihres nächsten Aufenthalts im hiesigen Krankenhaus merke ich, daß Frau C. etwas auf dem Herzen hat, das sie traurig macht. Ich spreche sie darauf an und höre, daß sie jetzt von ihren Freundinnen mehr und mehr gemieden wird. Als sie zufällig eine der Nachbarinnen trifft, meint die, es könne ihr doch gar nicht so schlecht gehen, wie man sich erzähle, denn sie sähe doch so gut aus, wie früher. »Mich kränkt so ein Verhalten sehr«, meint die Kranke, und ihre Augen sind voll Tränen.

Ich lege meinen Arm um sie und erläutere ihr, daß wohl

manche ihrer Bekannten sie meiden, weil sie von ihrer Erkrankung wissen und nun unsicher sind, wie sie sich ihr gegenüber verhalten sollen. Wer von Leukämie hört, weiß, daß das eine bedrohliche Krankheit ist. Er assoziiert sofort: »Was wäre, wenn ich diese Krankheit hätte?« Dabei kommen Ängste hoch. Doch man verdrängt solche Gedanken schnell und denkt vielleicht: »Frau C. sieht doch so gut aus, die kann doch gar nicht so schlimm dran sein.« Selbst wenn es gelingt, die eigene Angst nicht zu verdrängen und sich ihr zu stellen, fühlt sich mancher verunsichert und meidet den Kranken lieber, weil er nicht weiß, wie er mit ihm umgehen soll. Man will ja auf keinen Fall etwas falsches sagen.

Frau C. fühlt sich bei meinen Worten getröstet, und wir beide wünschen uns, daß die Bekannten ihr Verhalten ändern können und durch neue Kontakte die Freundschaft erhalten bleibt. Vielleicht könnte es auch helfen, wenn Kranke die Gesunden an einem guten Tag zu sich einladen würden. Ich merke, wie es die Patientin erleichtert, sich bei meinen Besuchen einiges von der Seele zu reden. In dieser Zeit bin ich oft bei ihr.

Nach längerer Behandlungspause sehe ich auf der Karteikarte im Stationszimmer wieder den Namen, der mir nun schon so wohlvertraut ist. Wir begrüßen uns wie alte Freundinnen. Frau C. berichtet, wie es der ganzen Familie geht. Die große Tochter verbringt nun ihre Freizeit oft bei ihrem Freund und unterstützt die Mutter bei der Pflege des Bruders nicht so, wie es nötig wäre. Herr C. kommt häufig von Dienstreisen erschöpft nach Hause und will abends seine Ruhe. So fühlt sich Frau C. mit zunehmender Schwäche ihren Aufgaben fast nicht mehr gewachsen. Sie möchte den Sohn aber nicht ins Heim geben. Andererseits zeichnet es sich ab, daß die Tochter demnächst arbeitslos wird. Im Familienrat wurde beschlossen, daß sie dann daheim mithilft.

Einmal bricht es aus Frau C. heraus: »Wie schwer ist nun alles, ich habe auch meinen Glauben verloren. Gott ist nicht da, ich finde ihn nicht mehr.« Diese Worte rühren mich zutiefst an. Ich spüre, daß das auch für mich fast zuviel ist, und ich sage ihr das auch. Wir sitzen eine Weile ganz still da. »Ich kann das wohl ein Stück weit verstehen, wie das ist, wenn Gott so weit weg ist«, sage ich zu Frau C. »Wir beten zu ihm, aber die Verbindung zu ihm scheint abgerissen zu sein. Es fehlt die Geborgenheit, die wir immer wieder, wenn auch manchmal nur ganz kurz, spüren. Es ist, als ob Gott weg wäre. Alles erscheint trostlos und sinnlos.«

Die Patientin nickt zustimmend, sie fühlt sich verstanden. Wir wissen im Moment keine Lösung, wir sind beide sehr niedergeschlagen und Worte wären fehl am Platz. Die Abwesenheit Gottes gemeinsam aushalten, die Ohnmacht vor dieser dunklen Seite Gottes teilen, mehr können wir nicht. Ich sitze am Bett von Frau C. und halte ihre Hand.

»Wir spüren Gott jetzt beide nicht«, sage ich dann leise. »Aber ich glaube, daß er dennoch irgendwo ist.«

Mehr ist jetzt nicht zu sagen, und ich bin auch ganz erschöpft. Solche Gespräche, in denen unsere ganze Hilflosigkeit zum Ausdruck kommt und offen bekannt wird, hinterlassen eine tiefe Erschöpfung. Ich spüre das heute besonders deutlich.

Frau C. sieht müde aus, und ich verabschiede mich mit einem langen Händedruck von ihr.

Daheim bin ich noch lange sehr aufgewühlt von diesem Erlebnis. Ich hadere innerlich mit Gott. Hat Frau C. nicht schon genug erlitten, muß sie nun zusätzlich noch diese Gottesferne ertragen? Der liebe Gott aus meinen Kindertagen ist das nicht mehr. Er ist ein ferner, schweigsamer Gott!

Bald darauf wird Frau C. so krank, daß sie nicht mehr

sprechen kann. Sie hustet sehr viel. Sie schreibt mir wenige Worte auf eine Serviette und flüstert nur das Nötigste. Es steht sehr schlecht um sie. Trotzdem kramt sie in ihrer Handtasche und holt einen kleinen Artikel hervor, den sie aus dem Sonntagsblatt ausgeschnitten hat. Den Beitrag hat mein Mann geschrieben. Er ist offensichtlich für die Kranke so wichtig, daß sie ihn in der Handtasche dabei hat. Ich bin gerührt und sage ihr, wie sehr ich mich darüber freue. Meine Hand liegt auf der ihren, und diese Berührung, lange Zeit ohne Worte, tut ihr offensichtlich gut.

Ehe ich diesmal gehe, erkundige ich mich, ob ich ihr den 23. Psalm vorlesen dürfe. Sie nickt. »Der Herr ist mein Hirte, mir wird nichts mangeln.« Die Kranke wirkt ruhig und gelöst, als sie die ihr wohlbekannten Worte hört. Leise gehe ich zur Tür hinaus.

Zu Hause denke ich oft an meine Freundin im Krankenhaus. Ich habe ihr versprochen, daß ich für sie beten werde und tue es auch.

Bald darauf bin ich wieder bei ihr. Ich ahne nicht, daß es das letzte Mal ist. Eigentlich wollte ich nur kurz zu ihr hereinschauen, da ich noch zu einem interessanten Vortrag fahren wollte. Ich teile Frau C. mein Vorhaben für diesen Abend mit. Doch sie schaut recht ängstlich. Eine Schwester betritt das Zimmer und teilt mit, daß die Kranke zur Bestrahlung müsse. Flehentlich schaut Frau C. mich an und flüstert: »Mit.«

»Ich soll Sie begleiten?« frage ich und sie nickt. In diesem Augenblick weiß ich, daß der Vortrag jetzt nicht mehr wichtig ist, sondern daß ich die Kranke zum Bestrahlen begleiten muß.

Es dauert eine Weile, bis Frau C. aufgerufen wird. Ihr Bett steht neben anderen im Gang vor den Bestrahlungsräumen. Eine Dame im weißen Kittel erkundigt sich teilnehmend, wie es ihr ginge. Frau C. kommen bei dieser

Frage die Tränen. »Nicht gut«, flüstert sie – sie kann ja kaum sprechen. Die Dame im weißen Kittel macht einen erschrockenen Eindruck. Sie streichelt die Kranke und beeilt sich zu sagen: »Nicht weinen, das wird bald wieder besser!« Mit guten Wünschen geht sie weiter.

Angesichts dieser Worte regt sich Zorn in mir. Warum muß diese Frau mit Pseudotrost reagieren? Kann sie das viele Elend, das sie täglich hier sieht, nur mit einer Beschwichtigung zudecken? Eine Stimme in ihrem Innern sagt wohl: Nicht schon wieder Sterben – ich halte das bald nicht mehr aus. Die Mahnung »nicht weinen«, sowie der Zusatz »das wird bald wieder besser«, sind fehl am Platz. Frau C. muß weinen dürfen, weil Weinen erleichtert. Sie weiß, daß es mit ihrer Erkrankung nicht mehr besser wird und fühlt sich bei solchen Worten nicht verstanden.

Nach der Bestrahlung kehren wir beide wieder ins Krankenzimmer zurück. Seit Frau C. in schlechtem Zustand ist, liegt sie in einem Einzelzimmer. Ich rücke der Kranken alles zurecht, was sie von ihrem Nachttisch in nächster Zeit braucht. Die Lampe über dem Bett verbreitet an diesem Novemberabend ein warmes Licht. Müde, aber dankbar lächelnd liegt Frau C. in ihren Kissen. Wir verabschieden uns herzlich voneinander.

Zwei Tage später komme ich wieder auf die Station. Das Zimmer von Frau C. ist leer und wird gerade geputzt. Ich ahne, was sich ereignet hat. Gestern abend ist meine Freundin im Beisein ihres Mannes verstorben. Ich weiß, daß sie es sich so gewünscht hat und spüre ein Gefühl der Erleichterung.

Bald danach erreicht mich ein Brief des Ehemannes. Er dankt mir für meine Besuche und betont, daß seine Frau durch Gespräche mit mir ihren Glauben wiedergefunden habe. Darüber sei er sehr glücklich. Als ich diesen Brief lese, kommt trotz der Trauer über den Tod von Frau C. ein Gefühl tiefer Freude in mir hoch. Wie sehr sich meine Patientin nach Gottes Nähe sehnte, hatte ich miterlebt. Wir beide hatten darunter gelitten, daß er sich verborgen hielt. Aber nun, wohl kurz vor ihrem Tod, fühlte sie sich wieder bei ihm geborgen.

Für mich wurde die Betreuung von Frau C., die sich über zweieinhalb Jahre erstreckte, zum Schlüsselerlebnis. Ich ging mit ihr durch das dunkle Tal der Gottesferne und der Anfechtungen hindurch. Manchmal glaubte ich, das tiefe Leid, das sie durchstehen mußte, nicht mehr ertragen zu können. Aber dann wurde mir doch immer wieder neu die Kraft geschenkt, mich auf ihr Schicksal einzulassen und ihr nahe zu sein. Die Worte Jesu bekamen für mich neue Bedeutung: »Siehe, ich bin bei euch alle Tage, bis an der Welt Ende« (Mt 28,20).

Der Einsamkeit begegnen

Auf der Zuckerstation für Frauen. In einem Vierbettzimmer habe ich drei Patientinnen besucht, das vierte Bett ist leer. Die Bettnachbarin erklärt mir, daß Frau A. gerade zur Untersuchung weg ist. Ihr Gesichtsausdruck ist bekümmert, als sie noch hinzufügt: Besuchen Sie Frau A. bitte bald einmal, die ist in schlechter Verfassung und bräuchte es wirklich.

Bei meinem nächsten Versuch, die Kranke zu sprechen, stelle ich fest, daß sie schläft. Ich möchte sie nicht wecken. Beim dritten geplanten Besuch sitzt Frau A., etwa 75 Jahre alt, im Sessel neben ihrem Bett. Ich stelle mich ihr vor und merke, daß sie mich kritisch ansieht. »Ich brauche keinen Besuch«, sagt sie mürrisch, »ich brauche überhaupt niemand.« So eine Abfuhr, aus welchen Gründen auch immer, reizt mich stets, noch einen weiteren Versuch zu wagen. »Es geht Ihnen im Moment nicht gut?« frage ich sie und sehe sie teilnehmend an. »Nein, wirklich nicht«, antwortet die alte Frau. Wie sie mir sagt, ist sie der Meinung, daß es ihr immer schlecht ergangen ist. So sieht sie jedenfalls ihr Leben. Aus ihren kargen Worten ist zu entnehmen, daß entweder die Umstände oder andere Leute schuld daran waren, daß bei ihr alles schief lief. Ich frage sie, ob sie nicht auch mal was Schönes erlebt hätte. »Ja was denn?« sagt sie. Ihre traurigen Augen sind gleichzeitig voller Trotz. Beim Verabschieden erkundige ich mich, ob ich wiederkommen soll. »Ja, von mir aus, wenn Sie meinen«, brummt sie.

Auf dem Heimweg denke ich noch über diese verbitterte Patientin nach und weiß, daß ich mir für sie etwas einfallen lassen muß. Wieder besuche ich sie und wieder ist sie in düsterer Stimmung. Diesmal erklärt sie mir, daß sie ins Altersheim soll, ihre Tochter habe schon alles für sie vorbereitet. »Wenn die mich dort in ein Zweibettzimmer stecken, dann hau ich ab«, ist ihr Kommentar dazu. Dann entschlüpft ihr noch der Satz, daß sie nächste Woche Geburtstag habe, ihn aber nicht feiern will. »Für wen auch«, meint sie.

Für den nächsten Besuch kaufe ich einen hübschen, bunten Blumenstrauß und überrasche sie damit. Insgeheim nehme ich an, daß sie den Strauß nicht haben will, aber meine Befürchtungen sind unbegründet. Als ich ihr mit guten Wünschen gratuliere und ihr die Blumen in die Hand drücke, strahlt sie plötzlich zu meiner Überraschung über das ganze Gesicht und fragt: »Sind die Blumen wirklich für mich?« Ihre Reaktion läßt mich ahnen, daß sie nicht allzu viele Freunde hat, die sie am Geburtstag verwöhnen. Als ich mich später von ihr verabschiede, flüstert sie mir zu: »Sie sind ein Engel.« Ich staune, wie weich Frau A. sein kann.

Bald darauf lerne ich die Tochter von Frau A. kennen, die aus dem schwäbischen Raum angereist kommt. Sie erklärt mir, daß sie die einzige Tochter ist und wegen der

Entfernung die Mutter nicht oft besuchen kann. Durch die Krebserkrankung ihrer Mutter habe sie den Eindruck gewonnen, daß sie nicht mehr in der Lage sei, ihren kleinen Haushalt zu besorgen. So habe sie sie schweren Herzens im Altersheim angemeldet. In den nächsten Tagen will sie ihr bei der Übersiedlung dorthin behilflich sein.

Wir sprechen beide mit der Patientin darüber, und sie sieht ein, daß nun andere für sie sorgen müssen. »Wenn es mir aber im Heim nicht gefällt, dann hau ich ab.« Sie bleibt dabei, daß sie doch noch ein Stück weit selbst über ihr Leben verfügen will.

Bald darauf klappt es mit dem Umzug ins Altersheim. Nachdem Frau A. Freundschaft mit mir geschlossen hat und mir ganz offensichtlich Vertrauen entgegenbringt, verspreche ich ihr, sie im Heim zu besuchen.

Als ich vier Wochen später mein Vorhaben verwirklichen will, höre ich, daß sie kurz zuvor gestorben ist.

Ich wußte, daß Frau A. krebskrank war. Daß sie aber so schnell sterben würde, hatte ich nicht gedacht. Ihr Tod machte mich sehr betroffen. Mir ging ihre Aussage durch den Kopf, daß sie abhauen wollte, wenn es ihr im Altersheim nicht gefalle. Ich frage mich auch, warum sie so einsam und mürrisch war. Durch ihre Art hatte sie sich selbst in Isolation gebracht. Vielleicht wurde ihr in ihrer Jugend nicht die nötige Zuwendung und Anerkennung geschenkt, so daß sie sich später vom Pech verfolgt vorkam und fast jedem mißtraute.

Auch wenn Frau A. betonte: »Ich brauche nichts und ich gebe nichts«, war sie in ihrem Innern ein Mensch, der sich nach Liebe sehnte. Ich denke, es ist wichtig, daß wir uns von Menschen, die uns aus Verbitterung ablehnen, nicht entmutigen lassen. Wenn wir versuchen, sie zu verstehen, ereignet es sich dann doch manchmal, daß Vereinsamte spüren: Da ist jemand, der mich mag – und das Eis ist wenigstens ein Stück weit gebrochen.

Kindheitsnarben

Frau N., Mitte 40, teilt mir mit, daß ihr Blutzucker in der letzten Zeit stark gestiegen ist. Deshalb überwies ihr Hausarzt sie in die Diabetikerabteilung des Krankenhauses.

Die Patientin sitzt am Tisch und strickt, sie ist eine freundliche, unauffällig gekleidete Frau. Als sie hört, daß ich von der Krankenseelsorge komme, zeigt ihr Gesicht einen lebhaften Ausdruck. Sie bietet mir gleich einen Platz an ihrem Tisch an. »Von der Krankenseelsorge sind Sie, das interessiert mich. Mein Vater ist nämlich schwerkrank.«

Während Frau N. von ihrem Vater spricht, wird ihre Stimme merklich leiser, sie wirkt bedrückt. Der alte Vater ist alleinstehend und wohnt 500 Kilometer von seiner einzigen Tochter entfernt. Aufgrund ihrer Schilderung nehme ich an, daß Frau N. sehr an ihrem Vater hängt, und ich gehe teilnehmend darauf ein.

Aber die Patientin legt ihr Strickzeug beiseite und erklärt zu meiner Verwunderung, daß sie kein gutes Verhältnis zu ihrem Vater habe. Das war schon in ihrer Kindheit so und hat sich bis heute nicht geändert. Nun hat sie das Gefühl, es gehe mit ihm zu Ende. Ich frage sie, ob sie das Bedürfnis habe, mit dem Vater über ihre gegenseitige Beziehung zu reden. Die Patientin meint bekümmert, das habe sie bei ihrem letzten Besuch schon versucht, dabei sei aber nichts herausgekommen. Das schmerzt Frau N. bei dem Gedanken, daß der Vater bald sterben wird.

Frau N. empfindet ihren Vater als hartherzig und lieblos – er kümmerte sich wenig um seine Tochter. Die Mutter glich das durch liebevolle Zuwendung weitgehend aus. Sie starb aber, als Frau N. 14 Jahre alt war, und von da an begann eine schlimme Zeit für sie. Vater und Tochter lebten nebeneinander her, bis die Patientin sich frühzeitig in die Ehe flüchtete. Zehn Jahre später wurde sie von ihrem Mann geschieden und lebt nun mit ihrer Tochter zusammen. Dieser Tochter soll es einmal nicht so gehen wie ihr, meint Frau N.: »Ich kümmere mich sehr um sie, und wir haben ein sehr inniges Verhältnis.«

Ich spreche mit Frau N. darüber, wie gut ich das finde. Aber dann erwähne ich noch einmal das gestörte Tochter-Vater-Verhältnis, weil es für die Patientin ganz offensichtlich noch nicht erledigt ist. Frau N. hegt ihrem alten, kranken Vater gegenüber keine guten Gefühle, er hatte sie zu sehr verletzt. Ich bespreche mit Frau N., daß das Verhalten ihres Vaters in ihrem Innern Narben hinterlassen hat. Es ist auch legitim, daß sie wütend auf ihn ist, wenn die unguten Erinnerungen in ihr hochsteigen. »Ja, ich bin oft wütend auf ihn«, bestätigt sie. Nach einer Pause berichtet sie noch: »Einmal erzählte mir mein Vater, wie streng er selbst erzogen worden ist, und daß er viele Prügel in seiner Kindheit bezogen hat.«

Diese Sätze machen uns nachdenklich: Der Vater hatte eine lieblose Kindheit hinter sich und konnte dadurch seiner Tochter auch kaum Liebe geben. Ohne es selbst zu merken, hatte er die erlittenen Erziehungsmethoden übernommen.

Diese Erkenntnis hilft uns in unserem Gespräch ein ganzes Stück weiter. Ich frage Frau N., ob sie glauben könne, daß ihr Vater es trotz seines wenig verständnisvollen Wesens gut mir ihr gemeint haben könnte. Die Patientin überlegt lange, ich merke, wie es in ihr arbeitet. Schließlich werden ihre Züge etwas weicher. Sie hat Tränen in den Augen und sagt leise: »Vielleicht meinte er es tatsächlich gut mit mir, er hat ja selbst nur Strenge als Kind erlebt. Ich verstehe heute doch schon etwas mehr von Psychologie als er und spüre, wieviel Wärme meine Tochter braucht.«

Etwas getröstet wischt sich die Patientin die Tränen ab.

Ich weiß, daß sie den kranken Mann noch einmal besuchen wird, um sich innerlich in Frieden von ihm zu verabschieden. Mich wiederum freut es, als sie mir zum Abschied lange die Hand drückt und mit einem tiefen Seufzer lächelnd sagt: »Das Gespräch mit Ihnen hat mir jetzt wirklich gut getan.«

> *Wenn der Herr die Gefangenen*
> *Zions erlösen wird,*
> *so werden wir sein wie die Träumenden.*
>
> Psalm 126

Bilder zwischen Wachen und Träumen

Ich besuche einen jungen Patienten. Er berichtet mir von seinem Ergehen während seiner Erkrankung. Bis dahin ist es ein ganz normales Gespräch.

Doch dann geht der Blick des Kranken immer mehr ins Leere. Ich habe beinahe das Gefühl, daß er mit sich selbst spricht, als er sagt: »Da sitze ich gestern im Flugzeug und fliege über Grünwald dahin. Ich schwebe über die Ortschaft, über den Wald, immer so weiter. Jetzt möchte ich nicht mehr fliegen, ich will herunter. Aber ich kann nicht landen mit dem Flugzeug, ich muß immer weiter da oben kreisen, es ist schrecklich. Wenn ich doch nur wieder herunter könnte, ich will wieder auf die Erde. Aber es geht nicht, ganz schlimm ist das!«

Nach diesen Worten, bei denen sich sein Gesicht verzerrt, schaut der Patient mich an. Ich bin etwas ratlos, frage ihn, ob das ein Traum war. Nein, das sei auf keinen Fall ein Traum gewesen, meint er, das wüßte er bestimmt.

»Ich merke, wie schlimm das für Sie war, da oben immer weiterfliegen zu müssen, ohne wieder auf die Erde zu kommen«, nehme ich seine Gedanken wieder auf. »Ja, ganz schlimm«, bestätigt er. Es kommen keine weiteren Erklärungen von ihm.

Ich stelle fest, daß er nun wieder auf der Erde sei und frage, wie es ihm jetzt gehe. »Ja, ich bin hier«, antwortet er, schaut wieder ins Leere und ich merke, daß er schon wieder in einer anderen Welt ist, zu der ich keinen Zugang habe.

Der Kranke, der bald darauf starb, fühlte große Angst, als er davon erzählte, daß er nicht wieder zur Erde kommen konnte. Er ahnte, daß das bisherige, gewohnte Leben sich nicht mehr fortsetzen ließ und daß er zwischen Himmel und Erde hing. Wo konnte er landen? Ihn beschlich wohl die Angst, was nun werden sollte. Als mir sein Erschrecken bewußt wurde und ich darauf eingehen wollte, war er nicht mehr ansprechbar.

Ein alter Herr zeigt mir etwa drei Wochen vor seinem Tod ein Bild, das er vor nicht allzu langer Zeit mit Buntstiften gemalt hatte. Ehe ich es beschreibe, möchte ich noch hinzufügen, daß er ein gläubiger Christ war, der sein Leben in Gottes Hand wußte.

Im Hintergrund des Bildes sehe ich zackige Felsen, jeder anders geformt. Ein Bergrücken zeigt sogar ein Gesicht – etwas verschmitzt, so könnte man sich Rübezahl vorstellen.

Zwei Drittel des Bildes machen den Vordergrund aus: Grüne Wiesen mit Blumen sind zu sehen, zwei Zicklein springen herum. Was mich besonders beeindruckt, ist ein freistehendes Haus, das einladend aussieht. Ein Weg führt zur Haustüre.

Der Kranke erklärt mir eifrig, so sähe es bei ihm zu Hause aus. Ich erwidere ihm, daß ich dieses Bild sehr harmonisch finde: Das Haus, das Geborgenheit vermittelt, mit dem klar vorgezeichneten Weg dorthin. Im Hintergrund, in angenehmen Grautönen, die Felsen, einer davon mit einem menschlichen Antlitz. »Dieses freundliche Gesicht könnte für Sie wohl Gott darstellen?« frage ich ihn. Der Patient schaut mich an. »Ich male gern Berge mit Gesichtern«, meint er. »Aber es stimmt schon: Gott, der mich ein Leben lang begleitete, ist gütig und beschützt meine Familie und mich.«

Bei meinem nächsten Besuch liegt der alte Herr schwer atmend auf seinem Bett, sein Sohn sitzt traurig neben ihm.

»Ich denke, daß es nicht mehr besser mit mir wird«, sagt er. »Wenn Gott es so will, werde ich mich fügen.« Müde sieht er aus, aber nicht beunruhigt. Ich drücke zum Abschied Vater und Sohn die Hand und nicke dem Patienten zu. »Schön, daß Sie das so sagen können, ich wünsche Ihnen Gottes Geleit.«

Bald darauf schlief er ruhig ein.

Klagen wirkt befreiend

Wer in bedrängender Lage den Mut findet, mit einem anderen offen darüber zu reden, fühlt sich erleichtert, auch wenn seine Situation vorerst unverändert bleibt. Das ist mir wieder einmal deutlich geworden beim Gespräch mit einem älteren, schlanken Herrn, den ich mit einem gequälten Gesichtsausdruck auf der hämatologischen Abteilung antreffe. Auf meine Frage, wie es ihm gehe, antwortet er sofort: »Mir geht es gar nicht gut.«

Er berichtet mir, daß er schon ein Vierteljahr in seinem Heimatort im Krankenhaus lag. Eine Wunde am Arm verheilte nicht, und es stellte sich heraus, daß etwas mit seinem Blut nicht stimmt. Bei einer neuerlichen Blutuntersuchung hieß es allerdings, daß die Blutwerte in Ordnung seien. Herr P. weiß nun nicht mehr, woran er ist. Er hofft inständig, daß wenigstens die Schmerzen in seinem Arm aufhören. »Ich glaube es fast nicht mehr, daß man mir hier helfen kann. Ich bin richtig verzweifelt.« Bei den letzten Worten wird der Kranke von einem Weinkrampf geschüttelt.

Ich zeige ihm meine Anteilnahme. Nachdem er sich etwas beruhigt hat, sage ich ihm, daß ich es schlimm finde, daß er schon so lange krank ist, ohne daß Klarheit über die Krankheitsursache besteht. »Es ist bestimmt schwer, diese Schmerzen zu ertragen, ohne zu wissen, woher sie kommen.« Er nickt und trocknet die Tränen.

Dann kommt sein ganzes Elend heraus: Er ist mit den Nerven fertig. Zu Hause findet er kein rechtes Verständnis für seinen Zustand. Seine Frau, die auch nicht gesund ist, schimpft ihn, wenn er nicht genug ißt und macht ihm zusätzlich das Leben schwer. Häufig kam die ganze Großfamilie und besuchte ihn in der Klinik, obwohl er ein paarmal gebeten hatte, daß nur jeweils einer kommen soll. »Warum verstehen die nicht, daß ich meine Ruhe brauche und nicht soviel essen kann?« sagt er aufgebracht. Ich antworte ihm, daß es für ihn schwer sei, krank zu sein und sich obendrein nicht verstanden zu fühlen von der eigenen Familie. Ich lege meine Hand auf seinen Arm und spreche in ruhigem Ton die Vermutung aus, daß es die Familie sicher gut mit ihm meint, sich aber nicht in seine Lage versetzen kann. Die selbst gesundheitlich angeschlagene Ehefrau verkraftet den schlechten Gesundheitszustand ihres Mannes nicht. Ängste steigen in ihr hoch, die sie nicht ausdrücken kann. Statt dessen ist sie überbesorgt und drängt ihren Mann zu Verhaltensweisen, die ihm nicht guttun. Die Nerven der Eheleute sind durch die ungeklärte Lage so angespannt, daß Aggressionen entstehen.

»Ja, so könnte es wohl sein«, meint der Patient nach einigem Nachdenken. »Ich bin so froh, daß ich hier bin und meine Familie nicht jeden Tag um mich habe.« Sein Gesicht entspannt sich sichtlich.

Er teilt mir mit, daß er katholisch ist. Sobald er sich wohler fühlt, will er am Gottesdienst im Krankenhaus teilnehmen. Wo denn die Kirche sei, will er wissen. Zu seiner Orientierung kann ich ihm ein Informationsblatt überreichen, das alles Wissenswerte über Gottesdienste und die Krankenhauspfarrer beider Konfessionen vermittelt.

Bei dem längeren Zusammensein mit Herrn P. bin ich überrascht, wieviel er mir anvertraut, obwohl er mich nicht kennt. Er spricht sehr viel und erregt, wird aber dann, als er mir alles Schlimme mitgeteilt hat, zunehmend ruhiger. Mitten im Gespräch hält er erleichtert inne und bedankt sich dafür, daß er alles aussprechen kann, was ihn bedrückt.

Deutlich spüre ich, wie ein Mensch, der sich in einer Notlage befindet, sich nach einem Gespräch befreit fühlt, obwohl er noch mitten in seiner Not steckt.

Hans Christoph Piper schreibt dazu in seinem Buch (»Kranksein – Erleben und Lernen«, Kaiser/Grünwald-Verlag): »Gott läßt den Klagenden bei sich zu. Er verschließt sich nicht dem Hadernden und Aufbegehrenden. Das ist unendlich viel. Wieviel das ist, spüren wir, wenn uns ein Mensch zuhört und ernst nimmt, wenn er unser Klagen und Anklagen zuläßt und sich unseren Zweifeln und Fragen nicht verschließt. Daß er uns darin akzeptiert, erfahren wir als Befreiung und Geborgenheit zugleich ... Seine Nähe durchbricht meine Einsamkeit und ermöglicht Vertrauen und Hoffnung ... Wir erfahren, daß dadurch Vertrauen entsteht, das auch ungelöste Fragen zu ertragen vermag.«

Ich hebe meine Augen auf zu den Bergen.
Woher kommt mir Hilfe?
Meine Hilfe kommt vom Herrn,
der Himmel und Erde gemacht hat.
Er wird deinen Fuß nicht gleiten lassen,
und der dich behütet, schläft nicht.
Siehe, der Hüter Israels
schläft und schlummert nicht.
Der Herr behütet dich;
der Herr ist dein Schatten über deiner rechten Hand,
daß dich des Tages die Sonne nicht steche
noch der Mond des Nachts.
Der Herr behüte dich vor allem Übel,
er behüte deine Seele.
Der Herr behüte deinen Ausgang und Eingang
von nun an bis in Ewigkeit!

Aus Psalm 121

Mit der Angst leben

Ich bin im Stationszimmer der Zuckerstation und schreibe mir die Patientinnen auf, die evangelisch sind und die ich in erster Linie besuchen will. Aber manchmal ergibt es sich anders, als ich es mir vorgenommen habe. So auch heute. In einem Dreibettzimmer frage ich nach Frau S. »Sie mußte eben zum EKG«, höre ich von der Bettnachbarin.

Ich erfasse das Gesicht der etwa 40jährigen Frau, die mir so bereitwillig Auskunft gibt. Sie ist schmal, und ihr Gesichtsausdruck läßt ahnen, daß sie schon Schweres durchgemacht hat.

Frau B. kommt aus einer Kleinstadt, sie ist zuckerkrank. Lange Jahre kam sie mit der Zuckerdiät und den Insulinspritzen gut zurecht und konnte ihrer Arbeit als Sekretärin nachgehen. Frau B. ist geschieden und wohnt allein mit ihrer fast erwachsenen Tochter, von der sie in warmen Worten spricht.

Vor zwei Jahren trat sie im Urlaub beim Baden auf einen spitzen Stein und verletzte sich. Sie maß der Verletzung keine Bedeutung bei, zumal sie danach keine Schmerzen verspürte. Ich höre der Patientin aufmerksam zu, denn ich weiß, daß solche Verwundungen gefährlich sein können für Zuckerpatienten, da sie aufgrund der fortgeschrittenen Erkrankung oft kein Schmerzempfinden an den Füßen haben. Als Frau B. schließlich die Gefahr erkannte und zum Arzt ging, war der verletzte große Zeh nicht mehr zu retten und mußte amputiert werden.

Das war die Vorgeschichte. Inzwischen mußte Frau B. eine neuerliche Operation am selben Fuß hinnehmen – alle anderen Zehen wurden entfernt. Während Frau B. mir davon berichtet, schlägt sie die Bettdecke zurück und zeigt mir den operierten Fuß, der von einem dicken Verband umhüllt ist. »Dieser Anblick geht mir sehr nahe«, sage ich zu Frau B. Eine Weile sitzen wir schweigend nebeneinander, ich halte ihre Hand, sie weint.

Wie wäre mir wohl nach solch einer Operation zumute, so geht es mir durch den Kopf.

Wir sprechen darüber, daß durch diesen Eingriff eine neue Situation für Frau B. entstanden ist, da nun ein ganzer Teil des Fußes fehlt. Sie wirkt nach diesem längeren Gespräch erschöpft, und ich verabschiede mich mit herzlichen Worten von ihr.

Bei meinem nächsten Besuch begrüßt mich Frau B. schon wie eine alte Bekannte. Wie fröhlich sie heute aussieht! Voll Stolz deutet sie auf einen wunderschönen Blumenstrauß auf ihrem Nachttisch und berichtet, daß sie sich am Wochenende sehr über den Besuch ihrer Tochter gefreut habe. Ich bewundere das frische Gesicht der

17jährigen auf dem Foto neben den Blumen. »Sie ist mein ganzer Stolz«, versichert mir die Patientin. Sie will wissen, ob ich auch erwachsene Kinder habe, und wir merken, daß wir Gesprächsstoff haben, der uns als Mütter verbindet.

Acht Tage später bin ich wieder bei Frau B. Sie meint, ich erinnere sie an die freundliche Krankenhauspfarrerin in der Klinik bei ihr zu Hause, von der sie öfter besucht wurde, obwohl sie doch katholisch ist. Der Vergleich tut mir gut.

Im Verlauf unseres heutigen Gesprächs kommt zum Ausdruck, daß Frau B. große Bedenken hat, ob sie mit ihrem verstümmelten Fuß jemals wieder in einem halbwegs normalen Schuh gehen kann. Ich rate ihr, das Problem bei der Visite mit den Ärzten zu besprechen. Sie nimmt es sich vor. Mir geht es öfter so: Ich ermuntere die Patienten, ihre Sorgen den Ärzten gegenüber zu äußern. Sie wagen es viel zu selten und sollten in ihnen mehr die Berater sehen als »die Halbgötter in Weiß«.

Beim nächsten und letzten Besuch bei Frau B. erzählt sie mir freudig von ihrem Gespräch mit dem Stationsarzt über das Schuhproblem. »Der Arzt konnte mir einen guten Orthopäden in meinem Heimatort nennen, den er zufällig kennt.« Frau B. wirkt nun richtig zuversichtlich, zumal auch ihr Fuß gut verheilt. Wir freuen uns beide, wie gut sich das fügt. »Nach so viel Pech habe ich nun doch auch wieder Glück«, meint die Patientin.

Ich spreche mit der mir inzwischen lieb gewordenen Kranken darüber, daß ihr Sorgenberg, den sie anfangs vor sich sah, nun mit Gottes Hilfe schon etwas kleiner geworden sei. Sie gesteht sich ein, daß sie noch etwas Angst hat vor der neuen Situation, die sie zu Hause nach dem Krankenhausaufenthalt erwartet. Noch weiß sie nicht, wann sie wieder ins Büro gehen kann und wie es mit dem Laufen über größere Strecken werden wird. Aber an ihrem Gesichtsausdruck sehe ich deutlich, daß allmählich neue Hoffnung aufkeimt.

Zweimal schreibt sie mir noch. Der Orthopäde half ihr sehr bei der Lösung des Schuhproblems. Im Büro waren die Kollegen auch sehr um sie besorgt und unterstützten sie verständnisvoll. Frau B. hat wieder neuen Lebensmut und Gottvertrauen.

*Das Gebet des Glaubens
wird den Kranken helfen.*

Jakobus 5,15

Gebetswand in der Kirche

Ähnlich wie bei den Kirchentagen in der Halle der Stille gibt es in unserer evangelischen Krankenhauskapelle eine Pinnwand, an die Patienten ihre Gebete heften. Zettel und Stifte liegen bereit, ein kleiner Text lädt zum Schreiben ein:

»Hier haben Sie Gelegenheit, sich dazu zu äußern, was Sie bedrückt oder erfreut. Wir werden Ihre Anliegen im Gebet vorbringen.«

Ein Skeptiker kritzelte eines Tages über diese Zeilen: »Das hilft ja doch nicht.« Ein Andersdenkender widersprach dieser Meinung und schrieb dazu: »Doch.« Diese schriftliche Auseinandersetzung entspricht den unterschiedlichen Meinungen, denen ich auch an den Krankenbetten begegne.

Ich staune immer wieder, wieviele Patienten davon Gebrauch machen, sich ihren ganz persönlichen Kummer, aber auch ihre Freude von der Seele zu schreiben. Was ein Mensch ausspricht oder aufschreibt und es in diesem Fall auch Gott sagt, belastet ihn nicht mehr so sehr, als wenn er es allein mit sich herumträgt.

Wie ernst es viele Kranke mit ihren Gebetsanliegen, manchmal auch mit ihren Seufzern meinen, belegen folgende Texte:

»Lieber Gott, hilf mir, daß am 16. alles gutgeht.«

*

»Hilf meiner Tochter Erika, sie ist alles, was wir haben.«

*

»Herr, hilf aus der ganzen Situation. Ich fühle, wie Kräfte und Mut sinken. Stärke und heile Du, was verwundet und müde ist. Ich hoffe auf Dich!«

*

»Herr, ich danke Dir, daß Du mich gesund gemacht hast.«

*

»Lieber Herrgott, gib mir den inneren Frieden, damit ich Kraft bekomme für alles, was vor mir liegt. Hilf mir, Gelassenheit zu gewinnen, all das anzunehmen, was das Schicksal für mich bereithält. Ich brauche dafür Kraft und Stärke.«

*

»Soviel Glück habe ich schon im Leben gehabt, das hat mich Schmerzen und Enttäuschungen leichter ertragen lassen. Und alles hat mich reifer gemacht und dankbarer. Vor 14 Tagen erlitt ich einen Schlaganfall. Nichts ist davon zurückgeblieben, keine Folgeschäden. Ich bin voll Freude und Dankbarkeit.«

*

»O Herr, laß mich gesund zu meiner Familie und zu meinen Freunden zurückkehren und zeige mir den Weg für mein weiteres Leben.«

*

»Lieber Vater im Himmel, habe Dank für die Freude am Leben, die Du mir gibst. Danke, daß Du mich heil und gesund machen wirst, körperlich und seelisch. Ich danke

Dir, daß Du mich fähig machst zur Liebe. Hilf mir, mich selbst mit meinen dunklen Seiten anzunehmen.«

*

Kranke, die in so großer Offenheit ihr Innerstes offenbaren, befinden sich in einer Ausnahmesituation. Sie liegen, aus ihrer Alltagssituation herausgerissen, im Krankenhaus und warten in der für sie fremden Umgebung darauf, was bei den Untersuchungen herauskommt und welche Behandlungsmaßnahmen die Ärzte für sie beschließen. Ängste und Unsicherheit beschleichen sie dabei.

Ein junger Mann hofft, daß sein kompliziert gebrochenes Bein nach einem Unfall wieder heilt. Wird er danach wieder aktiv Sport treiben können?

Eine junge Frau wartet auf ihre Entbindung. Sie hatte Komplikationen während der Schwangerschaft und hofft sehnlichst, trotzdem bald ein gesundes Kind im Arm halten zu können.

Ein Familienvater hat Krebs. Wird die Chemotherapie den ersehnten Erfolg bringen?

Mancher Patient geht in die Kirche, um zur Ruhe zu kommen und sich Gott anzuvertrauen. So entstehen die Bitt- und Dankgebete an der Pinnwand, die sich Leidende und Hoffende von der Seele schreiben.

Kranke tröstet der Gedanke, daß im Gottesdienst für sie persönlich gebetet wird. Vielleicht denken sie an die Verheißung: »Wo zwei oder drei versammelt sind in meinem Namen, da bin ich mitten unter ihnen« (Matth. 18,20).

Im Glauben gewachsen

Auf einer chirurgischen Station weist mich die Schwester besonders auf einen jungen Mann hin, der bei einem Autounfall schwer verletzt wurde.

Ich betrete das Zweibettzimmer, in dem Herr D. liegt. Was ich sehe, verschlägt mir fast die Sprache: Ein junger Mann, Anfang 30, von vielen Verbänden eingehüllt, schaut mühsam in meine Richtung. Ich rücke mir einen Stuhl nah an sein Bett, um ihn verstehen zu können. Als ich ihn frage, ob er nicht zu erschöpft sei für ein Gespräch, meint er, es ginge schon.

Herr D. kann sich nicht an den Hergang des Unfalls erinnern, weiß aber von Augenzeugen, daß ein anderer durch Mißachtung der Vorfahrt den Zusammenstoß der Fahrzeuge verursacht hat und selbst dabei ums Leben kam.

Der linke Arm von Herrn D. mußte amputiert werden, der rechte ist in Gips, zwei Finger wurden ebenfalls abgenommen. Im Gesicht hat er große, blaue Flecken.

Aus einer Schnabeltasse gebe ich ihm Tee zu trinken. Herr D. ist völlig hilflos und ganz auf die Hilfe seiner Zimmergenossen und der Schwestern und Besucher angewiesen. »Nachher kommt meine Frau«, sagt der Patient. »Ich bin so froh, daß das möglich ist.« Wir kommen überein, daß ich nächste Woche wieder nach ihm sehe.

Acht Tage später treffe ich seine Frau am Krankenbett an. Sie begrüßt mich freundlich, und ich erkundige mich nach dem Befinden von Herrn D. Ich höre, daß der Kranke in der Zwischenzeit eine Embolie hatte. Zum Glück wurde die Gefahr aber sofort vom Pflegepersonal erkannt. »Da haben Sie ja einiges ausgestanden«, entgegne ich, zu dem jungen Paar gewandt. Den beiden steht die Erschütterung über den Zwischenfall noch ins Gesicht geschrieben. Aber sie fassen sich wieder und lächeln sich liebevoll an. Wir sprechen von der Hoffnung, daß es mit Gottes Beistand gelingen möge, daß Herr D. bald außer Gefahr ist und daß die Operationswunden bald normal verheilen.

Die junge Frau füttert ihren Mann geduldig und berichtet ihm von der kleinen Tochter, die inzwischen von der Oma versorgt wird. Es ist beeindruckend, wie die beiden Eheleute das schwere Schicksal gemeinsam tragen.

Wieder besuche ich Herrn D. Er wirkt sehr zuversichtlich und spricht mit viel Dankbarkeit von seiner Frau. Jeden Tag sitze sie viele Stunden an seinem Bett und lese ihm jeden Wunsch von den Augen ab. Auch über die Anteilnahme der Zimmergenossen ist er des Lobes voll.

Ich erlebe mit, wie der Kranke im Laufe der Wochen allmählich aufstehen kann. Es treten keine weiteren Komplikationen auf, und ich staune immer wieder, daß kaum ein Wort der Klage von ihm zu hören ist. »Wir beide, meine Frau und ich, schaffen es schon, wenn es auch lange dauern wird, bis ich hier rauskomme.«

Nach dem Krankenhausaufenthalt soll er in ein Rehabilitationszentrum kommen. Auch eine Umschulung wird erwogen, in seinem jetzigen Beruf kann er nicht mehr tätig sein.

Nach einem Vierteljahr ist es dann soweit: Herr D. kommt bei meinem Besuch gerade aus dem Bad und erklärt mir freudestrahlend, daß ihn morgen seine Frau abholen darf. Endlich kann er wieder nach Hause! Kurz danach kommt auch seine Frau ins Zimmer, und wir unterhalten uns noch ein letztes Mal.

Das junge Paar erklärt mir, daß ihnen noch ein Problem im Kopf herumgeht: Herr D. ist evangelisch, seine Frau katholisch. Bisher ergaben sich für sie daraus keine Schwierigkeiten. Beiden bedeutet ihre Kirche viel, einen Sonntag gehen sie in den evangelischen Gottesdienst, am nächsten in den katholischen. Das Ehepaar fühlt sich durch die schwerwiegenden Ereignisse der letzten Monate noch mehr verbunden als vorher. Nun haben beide den Wunsch, gemeinsam zum Abendmahl zu gehen und fragen mich, ob das möglich sei. Ich erkläre ihnen, daß in der evangelischen Kirche die gastweise Teilnahme des katholischen Ehepartners am Abendmahl seit Jahren erlaubt ist. Man verfährt nach dem Grundsatz: Wenn ein konfessionsverschiedener Partner sich von Christus an seinen Tisch eingeladen fühlt, hat die Kirche kein Recht, ihn von der Teilnahme auszuschließen. Leider denkt die katholische Kirche offiziell anders. Da setzt Eucharistiegemeinschaft eine volle Kirchengemeinschaft voraus. Das hängt auch mit einem anderen Verständnis des priesterlichen Amtes zusammen. Bei aller ökumenischen Offenheit zieht bei der Eucharistie die römische Kirche nach wie vor eine harte Grenze. Es gibt aber durchaus Fälle, in denen ein Priester aus seelsorgerischen Gründen dem evangelischen Partner die Eucharistie nicht verweigert.

Das Ehepaar D. zieht daraus den Schluß, daß es mit dem katholischen Priester seines Heimatortes sprechen will. Wir verabschieden uns herzlich voneinander.

6.
Zum Begleiter werden

*Wir gehen durch jedes Kreuz
zum Licht,
durch jeden Karfreitag
auf Ostern zu.
Es ist ein unbegreifliches
Geheimnis,
aber es ist geschehen,
daß Menschen in der tiefsten Qual
und in der schwärzesten Nacht,
durch alles Elend und Leiden
hindurch plötzlich Gott sehen,
Gott begegnen.*

*So kommt es,
daß manchmal Menschen
Gott überwältigt danken
für das Kreuz,
das er ihnen zu tragen gab.*

*Gott kann
leidenden Menschen
dadurch Kraft und Trost geben,
daß er »Sinn« schafft,
daß er Aussicht und Zukunft bietet.*

                      Phil Bosmans

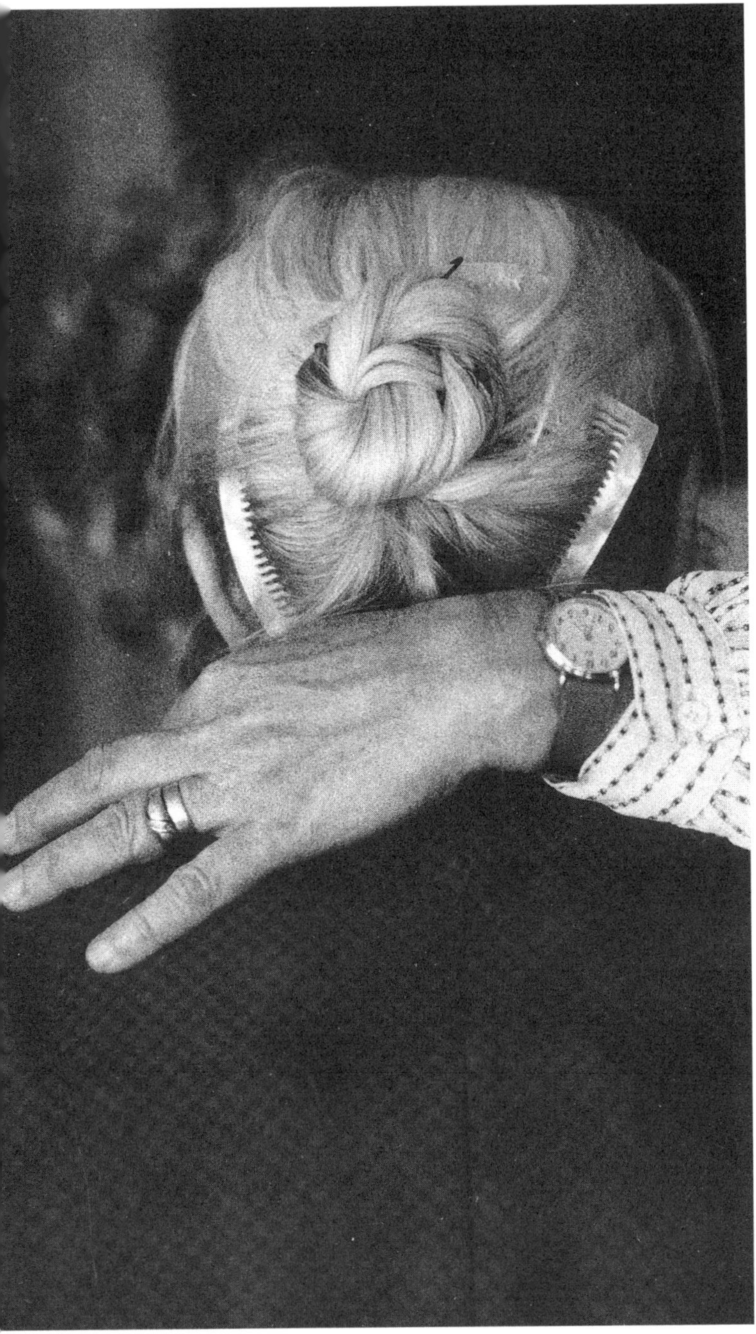

Meine Zeit ist bemessen

Ein neuer Patient liegt in einem der Einzelzimmer der hämatologischen Abteilung. Ich ahne, daß sich der Kranke in einem schlechten Gesundheitszustand befindet. Hier, in einem der wenigen Einbettzimmer der Station, hat er Ruhe und kann ungestört von seinen Angehörigen besucht werden. Ich klopfe an und höre ein schwaches »Herein«. Der dunkelhaarige, gepflegt aussehende Patient dreht sich langsam zu mir um. Wir stellen uns gegenseitig vor, und er bittet mich, Platz zu nehmen.

Mit leiser Stimme, der ich anhöre, daß er kein Bayer ist, erzählt er von seinem Befinden. Seinen Worten entnehme ich, daß er nach dem Tod seiner Frau allein wohnt und höherer Beamter in einer Münchener Behörde ist. Er lebt ganz für seine Arbeit und erfüllt sie mit großem Pflichtbewußtsein. Wegen Unpäßlichkeiten ging er zum Hausarzt. Dieser stellte eine Bluterkrankung fest und überwies ihn ins Krankenhaus. Noch laufen die Untersuchungen, wie mir der Patient sagt.

Da Herr K. ganz offensichtlich nur mit Mühe spricht, verabschiede ich mich für heute mit guten Wünschen.

Eine Woche später will ich ihn wieder besuchen, aber als er mich in der Türe stehen sieht, winkt er höflich ab. Ich wünsche ihm gute Besserung und ziehe mich leise wieder zurück. »Ein ander Mal«, ruft er mir nach.

Beim nächsten Wiedersehen kommt ein kurzes Gespräch zustande. Herr K. hofft, daß es nun mit seinem Befinden wieder aufwärts geht. Etliche Tage später hat der Kranke hohes Fieber und ist sehr aufgewühlt. »Die lassen mich hier wohl in den Keller sausen«, ruft er erregt aus. Als er sich etwas beruhigt hat, sprechen wir darüber, was ihn so beunruhigt. Aufgrund einer Lungenentzündung hat Herr K. Fieber. Er spürt, daß sich sein Zustand verschlechtert hat, und das macht ihm angst.

Ich sage ihm, daß ich seine Angst verständlich finde und sitze eine Weile still neben ihm. Dabei halte ich seine Hand. Offensichtlich tut ihm das gut und er wird ruhiger. Ehe ich leise hinausgehe, verspreche ich ihm, daß ich an ihn denken werde.

Zwei Wochen später wirkt Herr K. erheblich lebendiger. Er kann davon sprechen, daß er Leukämie hat, aber dank der Medikamente nun wohl über den Berg sei. Zum ersten Mal sehe ich ihn lächeln, und er sieht dabei richtig charmant aus. Ich bin erleichtert, daß es ihm endlich besser geht und spreche mit ihm darüber. Mein Gegenüber wird zusehends lebhafter. Er lobt die Ärzte und erscheint mir wie ausgewechselt. Dadurch ermutigt frage ich ihn, ob ihm sein Glaube in diesen Krankheitstagen hilft. »Doch, ich bin schon dankbar«, sagt er etwas verlegen. Obwohl ich ihm Zeit lasse, möchte er ganz offensichtlich sonst nichts dazu sagen.

Statt dessen fragt er mich, wie es mir denn bei meinen sicher anstrengenden Besuchen hier im Krankenhaus ginge. Ich bin erstaunt, daß Herr K. sich solche Gedanken macht. Nachdem es ihm besser geht und er nicht mehr um sein Leben fürchten muß, erwacht sein Interesse für die, die sich um ihn kümmern. Wahrheitsgemäß verschweige ich ihm nicht, daß mich manche Besuche belasten, erkläre ihm aber auch, daß ich die Möglichkeit habe, mich im Seelsorgeteam über Probleme auszutauschen. Herr K. nickt nachdenklich.

Wir sprechen davon, daß Herr K. nun mehr Zeit zum Lesen hat als im normalen Alltag und daß bei allen schlimmen Erfahrungen auch gute dabei sind.

Es wird deutlich, daß es dem Patienten allmählich gelingt, seine Krankheit nicht einzig und allein als schlimme Störung anzusehen, sondern daß er versucht, mit ihr zu leben. Lange Zeit sehe ich ihn nicht mehr, es geht ihm offensichtlich gut.

Danach begegne ich ihm in Abständen noch zweimal auf dem Gang der Station. Er kommt zur Blutkontrolle und kann jeweils am selben Tag die Klinik wieder verlassen. Seine Blutwerte zeigen zufriedenstellende Ergebnisse. Herr K. ist elegant gekleidet, berichtet mir von seiner Arbeit und daß er fast wieder wie früher leben kann.

Ich freue mich sehr, Herrn K. so frohgestimmt zu sehen. Während der Zeit der Remission fühlt er sich beinahe wie ein Gesunder. Wie ginge es mir wohl an seiner Stelle, so frage ich mich nach unserer Begegnung. Ob ich weitgehend gute Zeiten zwischen den notwendigen Behandlungen genießen könnte? Wie lebt es sich unter den bedrohlichen Schatten des Todes? Welche Ängste würden in mir hochsteigen! Ich denke, es ist wichtig, den eigenen Tod immer wieder in das noch geschenkte Leben einzubeziehen. Welche Zeitspanne mir noch von Gott zugedacht ist, kann ich nicht ergründen. Gerade deshalb möchte ich sorgsam mit meiner Zeit umgehen. Ich weiß, daß ich einen Teil meiner Zeit anderen Menschen geben möchte, um ihnen nahe zu sein in ihren Nöten. Andererseits spüre ich auch, wie gut es mir tut, mich mit Dingen zu beschäftigen, die mir Freude machen, mich neue Kraft tanken lassen.

Herrn K. habe ich nicht mehr im Krankenhaus angetroffen. Eines Tages las ich seinen Namen in einer Todesanzeige in der Zeitung. Auf der Station erfuhr ich dann, daß es ihm plötzlich schlechter gegangen war. Seine Schwester kümmerte sich vor seinem Tod um ihn, er konnte daheim sterben.

Ich bin traurig, daß Herr K. gestorben ist. Er war genauso alt wie ich. Er setzte sich, so gut er konnte, mit seiner Krankheit auseinander und konnte sie schließlich akzeptieren. Nun hat Gott ihn von dieser Erde abberufen und ich muß mich innerlich von ihm verabschieden.

Ein Nachtgebet

Allmächtiger Gott,
lieber himmlischer Vater.
Wieder ist ein Tag vergangen. Die Nacht
liegt vor mir mit ihrem Dunkel.
Nimm bitte alle Unruhe von mir und laß
mich in Deinen Vaterhänden
geborgen sein. Dir überlasse ich alles –
im Vertrauen darauf, daß du es dennoch
gut mit mir meinst.
Auch wenn ich meine Krankheitsnot
nicht so recht verstehen kann,
so will ich doch versuchen, sie mit
Deiner Hilfe zu tragen.
Herr, segne und behüte mich und die
Meinen.
Sei mir gnädig und gib mir Deinen
Frieden.
Amen.
                Johannes Hanselmann

Die Krankheit verändert Patienten

Wer ins Krankenhaus muß, fühlt sich meistens unsicher. Personalien werden aufgenommen, Untersuchungen werden gemacht. Der Kranke verfügt nicht mehr über sich und seine Zeit, das machen jetzt andere. Schwierig zu ertragen ist das Warten, die Zeit, bis die Diagnose feststeht und der Patient weiß, welche Behandlung die Ärzte ihm empfehlen. Wird er wieder gesund werden?

In manchem Gespräch zwischen Arzt und Patient wird deutlich, daß der Kranke ernstlich erkrankt ist, ja, daß sein Leben bedroht ist. Krebs, denkt er, das kann doch gar nicht sein. Letzte Woche machte ich doch noch eine Bergbesteigung, warum soll ich plötzlich so schwer krank sein? Eine große Unsicherheit und Unruhe erfaßt in solcher Situation die meisten Kranken.

Für viele ist es nun sehr wichtig, Ansprechpartner für ihre Ängste zu haben. Neben Angehörigen, Ärzten, Schwestern oder Mitpatienten sind für Kranke auch die Seelsorger erwünschte Gesprächspartner. Eine seelsorgliche Begleitung kann sich über Wochen oder Monate erstrecken. Dabei erlebt der Seelsorger mit, was im Kranken vor sich geht. Ängste und Hoffnungen wechseln ab. Stand am Anfang mehr die Frage: »Warum ich?« im Vordergrund, ergeben sich allmählich andere Überlegungen, die der Kranke mit dem Seelsorger durchsprechen will. Etwa: Bisher war mir die Arbeit und das Geldverdienen wichtig, jetzt auf dem Krankenbett erkenne ich ganz andere Werte. Die Beziehung zur Familie, zu Freunden soll verbessert werden, sie gibt Hilfe und Geborgenheit. So mancher Patient kommt in seiner schwierigen Lage auf Gott zu sprechen – ein Bibelwort tröstet ihn, gibt ihm eine neue Perspektive.

Freude, Enttäuschungen, neue Einsichten wechseln einander ab. Wenn in dieser Ausnahmesituation ein Seelsorger für den Kranken Zeit hat, auch seine Tränen erträgt oder einmal nur ganz still bei ihm sitzt und seine Hand hält, kann sich Tröstliches im Innern des Kranken entwikkeln.

Im nachhinein betrachtet ist eine Krankheit fast nie nur ein Betriebsunfall, den es nach Möglichkeit zu vermeiden gilt, sondern eine Chance zur Vertiefung oder Neubesinnung unseres Lebens.

Mir begegnen immer wieder Kranke, denen es möglich ist, in gewissem Sinn ihre Krankheit zu bejahen. In seinem Buch »Begleitung in schwierigen Lebenssituationen« bringt Paul Sporken diesen Vorgang des Annehmens sehr gut zum Ausdruck: »Bejahung bedeutet nicht, über eine unausweichliche Wirklichkeit froh zu sein; es bedeutet vielmehr, sich in eine schmerzhafte, aber unvermeidliche Begebenheit zu fügen und sie in Verantwortung auf sich zu nehmen. Es ist deshalb nicht das Ziel, über das Geschehene glücklich zu sein, sondern das innere Gleichgewicht wiederzufinden, damit die positiven Aspekte, die es zweifellos gibt, anerkannt werden und eine Wirkung zum Guten haben.«

*Mitten im Leben
sind wir vom Tod umfangen.*

Kehr's um!

*Mitten im Tode
sind wir vom Leben umfangen,
so sagt es und glaubt es
ein Christ.*

Martin Luther

7.
Das Alter kennt den Tod

*Auch bis in euer Alter
bin ich derselbe,
und ich will euch tragen,
bis ihr grau werdet.
Ich habe es getan;
ich will heben und tragen
und erretten.*

Jesaja 46,4

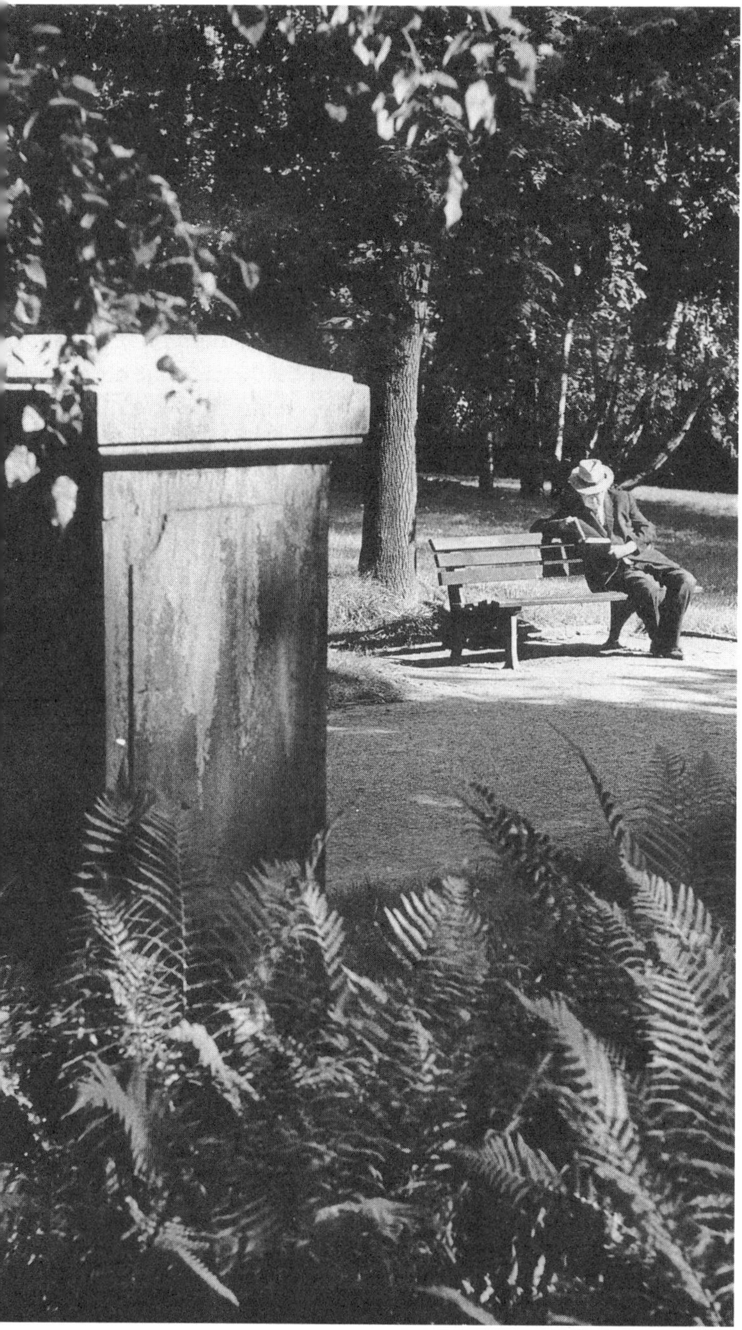

Freuden eines alten Ehepaares

Herr W., ein alter, grauhaariger Mann, an dessen Krankenbett ich sitze, erzählt mir von seiner Lungenentzündung, von der er sich gerade erholt hat. Er freut sich ganz offensichtlich, daß er nun wieder fast völlig gesund ist. Aber dann kommt ein trauriger Zug in sein Gesicht. Mit Bekümmerung berichtet er, daß seine Frau ebenfalls im hiesigen Krankenhaus liege, aber in einem anderen Bau, in der Dermatologie. Sie seien beide nicht in der Lage, sich ohne fremde Hilfe zu besuchen und könnten sich darum nicht so oft sehen.

Ich teile sein Bedauern, da geht die Türe auf und ein mir bekannter Pfleger kommt herein. Als er mich sieht, zeigt mir sein Mienenspiel, daß ihm etwas durch den Kopf geht. »Schön, daß Sie da sind«, sagt er zu mir gewandt. »Hätten Sie etwas Zeit?« Ich nicke. Darauf sagt er, was ich schon weiß: Das Ehepaar W. würde sich so gerne sehen, leider hat von den Pflegekräften auf der Station niemand Zeit, Herrn W. zu seiner Frau zu begleiten. Der Pfleger schaut mich vorsichtig von der Seite an und fragt, ob ich das wohl übernehmen könnte.

Der Patient hat uns zugehört, und die Freude steht ihm schon ins Gesicht geschrieben. »Das wäre natürlich schön!« meint er. So kann ich gar nicht anders, als dem Plan zuzustimmen. Es sind noch 40 Minuten bis zum Mittagessen, das reicht für unsere Unternehmung.

Ganz aufgeregt bemüht sich Herr W., sich etwas wärmer anzuziehen, und der Pfleger hilft ihm dabei. Nebenbei erklärt er mir den Weg durch die Kellerräume zum anderen Bau. Herr W. hakt sich bei mir unter und los geht es in langsamer Gangart. Mein Begleiter erklärt mir, wie gut er sich mit seiner Frau versteht. Zwischendurch legen wir kleine Verschnaufpausen ein. Bald sind wir im anderen Bau und finden die gesuchte Zimmertüre.

Wir klopfen an und der alte Herr steuert gleich zum Bett seiner Frau. »Ja, Rosa, daß ich dich wiederseh'!« ruft er voller Freude und umarmt die Kranke. Die kann sich nicht genug wundern, daß ihr Mann vor ihr steht. Gerührt drückt sie ihn an sich und berichtet von ihrem Ergehen. Die Mitpatientinnen verfolgen schmunzelnd die Szene. Die beiden haben sich viel zu sagen und schauen sich immer wieder an, wie ein verliebtes, junges Paar. Ich freue mich, zu diesem Wiedersehen beigetragen zu haben. Nach einem herzlichen Abschied der beiden trete ich mit Herrn W. den Rückweg an.

Sich lassen und hergeben

Gott, mein Vater,
vieles muß ich jetzt loslassen,
was ich bisher festgehalten habe,
und manches weggeben,
an dem ich gehangen bin.
Meine Wege hast du durchkreuzt,
meine Pläne gelten nicht mehr.
Du hast anderes mit mir vor.
Deine Gedanken sind nicht meine Gedanken.
Dein Wille ist ganz anders als der meine.
Soll ich mich wehren,
kann ich fliehen vor dir? –
Du hast mich eingeholt
und hast mich überwältigt.
Jetzt lasse ich mich in dich hineinfallen
und vertraue mich dir an:
mein Leben ist in deiner Sorge.
Tue mit mir,
was du willst.
Aber liebe mich! Amen.   Erich Legler

Der Mut, die Dinge zu ordnen

Ein sehr lebhafter, grauhaariger Herr begrüßt mich auf der hämatologischen Abteilung. Als er hört, daß ich von der evangelischen Seelsorge komme, beeilt er sich zu betonen, daß er Atheist ist. Während er das sagt, sieht er mich forschend an, so, als ob er damit rechne, daß ich nun gleich wieder kehrtmachen würde. Aber seine provozierende Erklärung hat mich neugierig gemacht. Ich sage ihm, daß ich gern zu einem Gespräch mit ihm bereit sei, falls ihm das recht ist. Ein höfliches Lächeln ist die Antwort. Ich hole mir einen Stuhl und setze mich, damit er nicht von seinem Krankenbett aus zu sehr zu mir hochsehen muß.

Herr E. ist, wie aus den Berichten über sein Leben hervorgeht, ein weitgereister Mann. Er hat viele östliche Länder bereist, zum Teil auch auf Dienstreisen Einblick in die Lebensweise anderer Völker bekommen. Am Ende seiner Erzählung steht der Wunsch, noch einmal nach Ägypten fliegen zu können. »Aber nun habe ich Leukämie«, sagt er, »und muß sehen, wie es mit mir weitergeht.«

Ich bin überrascht, mit welcher Ruhe Herr E. mir diese schlimme Mitteilung macht. »Das ist wohl schwer für Sie, jetzt Ihre Pläne nicht verwirklichen zu können und statt dessen ins Krankenhaus zu müssen, um Ihre Bluterkrankung behandeln zu lassen«, antworte ich ihm. Ja, das habe alles verändert, meint er nachdenklich.

Wir sprechen über die Behandlungsweise, die die Ärzte vorgeschlagen haben. Ich weiß aus Erfahrung, daß Herr E. nun wohl einige Wochen auf der Station liegen wird. Beim Abschied spüre ich, daß es ihm gutgetan hat, mit mir in Ruhe über seine Probleme und über seinen Reisewunsch gesprochen zu haben.

Beim zweiten Besuch schneidet Herr E. ganz zielstrebig ein neues Problem an: Er stellt die Frage in den Raum:

»Wie lange habe ich wohl noch zu leben?«

Ich wundere mich, daß er das gerade mich fragt und antworte ihm, daß ich diese sehr schwierige Frage nicht beantworten könne. Ich mache ihm klar, daß auch die Ärzte keine genaue Zeitspanne angeben könnten. »Aber ich muß es doch wissen«, meint der Kranke.

»Wenn Sie es so genau wissen wollen«, sage ich zu ihm, »dann vermute ich, daß Sie noch eine bestimmte Sache erledigen möchten.«

Herr E. spricht in seiner direkten Art, die mir schon von meinem ersten Besuch her bekannt ist, in Zusammenhang mit seiner Krankheit von seinem Tod. Ich frage mich, welche Gedanken ihm dabei kommen und höre, was ihm durch den Kopf geht:

Herr E., zu dessen Bekanntenkreis viele junge Leute gehören, hat selbst keine Verwandten, die ihn beerben könnten. Deshalb möchte er sein kleines Vermögen einem jungen Studenten vermachen, der ihm geistig sehr nahe steht. Seine Augen strahlen, als er davon spricht. Ich merke, wie wichtig ihm das ist und sage ihm, daß ich seine Idee gut finde. Ich empfehle ihm, die Angelegenheit mit einem Notar zu besprechen. Daran hatte er auch schon gedacht. Er beschließt, sich darum zu kümmern, sobald er die Klinik wieder verlassen kann.

Durch die Behandlung wirkt Herr E. in nächster Zeit etwas geschwächt. Aber er liest Bücher und bekommt häufig Besuch. Wenn ich ihn sehe, ist er immer guter Laune. Einmal meint er: »Wir verstehen uns doch immer sehr gut, auch wenn ich von der Kirche nichts halte.« Daß ich ehrenamtlich Besuche im Krankenhaus mache, gefällt ihm.

Nachdem Herr E. eine Weile zu Hause sein konnte, treffen wir uns eines Tages auf dem langen Gang der Station wieder. Er ist zur Kontrolle seiner Blutwerte da und meint freudestrahlend, daß es ihm gut gehe. Die geplante Reise werde er allerdings nicht mehr wagen, meint er, aber das sei nicht so schlimm. Wichtiger sei ihm der gute Kontakt zu seinen Freunden und Bekannten. Dann vertraut er mir noch an, daß er letzte Woche die Erbschaftsangelegenheit regeln konnte. Er wirkt ganz erleichtert, und ich freue mich mit ihm.

Wenige Tage später bin ich wieder auf dieser Station. Ich höre, daß es Herrn E. ganz plötzlich schlechter ging, was niemand erwartet hatte. Der Patient war ohne langes Leiden in der darauffolgenden Nacht verstorben.

Nun hat Herr E. doch die große Reise angetreten, wenn auch anders als geplant. Ich denke, daß er in seinem Innern geahnt hat, daß er zur Erledigung seines anderen Plans nicht mehr viel Zeit hatte. Er hatte sich ein Ziel gesetzt, und er konnte es mit der ihm eigenen Energie noch erreichen. Bei alten Menschen ist oft zu beobachten, daß sie ihre letzten Kräfte mobilisieren, um etwa ihre Goldene Hochzeit oder den 80. Geburtstag noch zu feiern. Der menschliche Wille vermag viel, aber es ist auch Gnade, wenn uns noch Wichtiges gelingt, ehe wir von dieser Erde abberufen werden.

Achtzig Jahre lang gesund – ein Abschied

Er wirkte wie ein vitaler 70er, als ich Herrn H. bei meinem ersten Besuch kennenlernte. Sehr adrett gekleidet, ein formvollendeter Kavalier, der sich über meinen Besuch freute und mir gleich einen Stuhl anbot. Herr H. sah sich in diesen ersten Tagen seines Krankenhausaufenthalts wohl noch nicht als Patient. Braungebrannt, blauer Pulli, weiße Hose und helle Schuhe – er sah eher wie ein Urlauber aus, der gerade zum Golfspielen gehen möchte. Ich war gespannt auf seine Geschichte.

Er kam aus einem oberbayerischen Dorf, wohin er nach dem Tod seiner Frau vor zwei Jahren gezogen war. Daß er ursprünglich Hamburger war, verriet sein Dialekt.

»Ich war mein Leben lang immer gesund«, berichtet er mir. »Ich habe nicht mal einen Hausarzt.« Dann fährt er mit der rechten Hand seinen Hals entlang. »Hier habe ich nun plötzlich eine Geschwulst«, meint er mit erstaunter Miene. »Ich hoffe ja, daß es nichts Schlimmes ist.«

Ich merke, daß bei seinen letzten Worten ein ungutes Gefühl in mir hochkommt – zuviele Patienten mit Drüsenkrebs lernte ich bereits auf dieser hämatologischen Station kennen. Noch sind die Untersuchungen nicht abgeschlossen – für den Patienten ist noch alles offen.

»Es ist für Sie wohl nicht leicht, auf das Ergebnis der Untersuchungen zu warten, das die Ärzte Ihnen mitteilen werden?« antworte ich ihm. Er nickt, wirkt aber nicht beunruhigt. Für ihn gibt es dazu heute nichts mehr zu sagen, wir wenden uns anderen Gesprächsthemen zu.

Als ich Herrn H. das nächste Mal besuche, spreche ich erst mit einem neu angekommenen Mitpatienten. Herr H. liest inzwischen die Tageszeitung.

Heute höre ich, daß er bald 81 Jahre alt wird. »Das ist ja noch gar kein Alter«, meint er, »mein Vater wurde 95 Jahre alt.« Ich staune nicht schlecht.

Herr H. wechselt das Thema und berichtet, daß er nun Bestrahlungen bekommt, um die Drüsengeschwulst wegzubekommen. Die erste Behandlung hat er bereits hinter sich. Aufgrund eines Gesprächs mit dem Stationsarzt ist er sich sicher, daß so die Erkrankung in den Griff zu kriegen ist. Ob der Arzt sich ganz so optimistisch gegeben hat, weiß ich nicht. Herr H. hat jedenfalls ein gutes Gefühl und ich spüre die Lebensfreude, die er weiterhin ausstrahlt.

Bei diesem Besuch fällt das Wort Krebs noch nicht!

Auch die weiteren Behandlungen verträgt er gut, er ist

immer auf den Beinen. Da er gerne Bücher liest, die Seereisen beschreiben, holt er sich entsprechende Bände aus der Krankenhausbücherei.

Nach der 15. Bestrahlung wirkt Herr H. angestrengt, die Falten in seinem Gesicht treten deutlicher hervor und er geht langsamer als sonst. Sein Hals wirkt rauh und angegriffen, er nimmt die Tatsache aber noch recht gelassen hin. Er will Opfer bringen, wenn er nur wieder gesund wird. Ich umarme ihn zum Abschied und sehe seinen Augen an, wie gut ihm diese mitfühlende Geste tut. Anderntags hat er Geburtstag und freut sich über die mitgebrachten Blumen. »Womit habe ich das nur verdient?« fragt er mich mit beinahe spitzbübischem Lächeln.

In den nächsten Tagen kommt er darauf zu sprechen, daß er zu Hause nichts von Gott gehört habe und daß er dies bedaure. Sein Vater hielt sich nur an Dinge, die rational zu erfassen waren – diese Orientierung hat Herr H. seinen Worten nach von ihm übernommen. »Würden Sie sich dem Glauben heute gern noch zuwenden?« frage ich ihn. Er sitzt am Tisch und schüttelt den Kopf. Dazu sei es jetzt zu spät, meint er mit Bestimmtheit.

Wie denn ich über Glaubensdinge denke, will er wissen. Bei meiner Antwort habe ich das Gefühl, daß ich meine Worte sorgsam abwägen muß. Ich will nicht verschweigen, daß meine Mutter den Grundstein für eine christliche Erziehung in mir gelegt hat – mein Gesprächspartner soll aber dabei nicht das Gefühl bekommen, daß ich ihm überlegen sei.

Sinnend meint Herr H.: »Ja, der Glaube sollte in der Kindheit im Elternhaus und in der Schule vermittelt werden, später ist das mit 80 Jahren nicht mehr nachzuholen.« Ein Bedauern schwingt in dieser Feststellung mit. In diesem Zusammenhang sage ich ihm noch, daß ich öfter für Patienten bete. Ob ich das auch für ihn tun solle, erkundige ich mich. Er lächelt ein wenig und erwidert: »Ja, wenn Sie meinen.« Zum Abschied sagt er mir diesmal mit Wärme in der Stimme: »Ich freue mich immer sehr, wenn Sie kommen.«

Die dreißig Bestrahlungen sind eines Tages zu Ende. Ich bin traurig, wie sehr die Behandlung Herrn H. mitgenommen hat. Neuerdings hört er auf einem Ohr schlecht, das Essen schmeckt ihm nicht mehr.

Bei einer Nachuntersuchung stellt sich heraus, daß die Geschwulst durch die Bestrahlungen völlig verschwunden ist. Herr H. freut sich, meint aber mit leiser Stimme: »Wenn das Zeug nur nicht wieder nachwächst!« Schmal und blaß sitzt Herr H. mir gegenüber. Ich lege meine Hand auf seine und überlege kurz, ehe ich ihm antworte: »Sie sind sich noch nicht ganz sicher, ob die Heilung von Dauer ist. Ich kann Ihre Unsicherheit verstehen.« Wir schweigen beide. Dann verabschiede ich mich mit herzlichen Wünschen für eine Stabilisierung seines Zustandes.

Die anstrengende Behandlung mit ihren offensichtlichen Nebenwirkungen hat den Patienten körperlich und seelisch sehr mitgenommen. Ich denke in der folgenden Zeit, in der er zu Hause ist, öfter an ihn. Warum dieser freundliche alte Herr soviel durchmachen muß, bleibt eine Frage ohne Antwort.

Nachdem Herr H. entlassen wurde, versorgt er sich wieder selbst. Als ich ihn anrufe, klagt er, daß alles viel länger dauert, als vor seiner Erkrankung: das Einkaufen ist mühsamer, die Pflege seiner Zweizimmerwohnung strengt ihn an. Seine Stimme klingt sehr müde, als er hinzufügt, daß seine Schwerhörigkeit noch anhält und daß die Nachbarn sich beschweren, weil er wegen der verminderten Hörfähigkeit sein Fernsehgerät zu laut einstellte. Er schließt mit den Worten: »Ich will Sie auch mal anrufen, aber nur, wenn es mir wieder besser geht.«

Seine Worte machen mich traurig. Ich weiß zwar, daß

sein Vetter ab und zu nach ihm sieht, aber sonst hat er keine näheren Angehörigen. Sein Stolz läßt es nicht zu, daß er Fremde um Hilfe bittet. Ein paar Wochen später ruft er mich zu Hause an. Erst halte ich das für ein gutes Zeichen, aber was ich höre, klingt sehr traurig: Herr H. hat immer noch keinen Appetit, darüber hinaus schmeckt alles »nach Pappe«. Sein Arzt rät ihm, sich ein Hörgerät zuzulegen. Ich stimme ihm allerdings zu, daß das wenig helfen würde, da die Schwerhörigkeit ganz offensichtlich eine Nebenwirkung des Bestrahlens ist. »Ich muß demnächst zur Nachuntersuchung in die Ambulanz, könnten wir uns am Montag um zehn Uhr dort sehen?« so fragt er mich gegen Ende unseres Gesprächs. Ich sage ihm zu, es so einrichten zu können. Da ich mir dessen bewußt bin, daß ich für den Kranken eine wichtige Bezugsperson geworden bin und ihm auch wirklich gern beistehe, fällt mir die Zusage nicht schwer. Nein, in gewissem Sinne fällt sie mir doch schwer. Es geht nicht spurlos an mir vorüber, diesen alten, sympathischen Herrn, der mich an meinen verstorbenen Vater erinnert, auf seinem Leidensweg zu begleiten.

In der Ambulanz höre ich, daß Herr H. zur Untersuchung in die Hals-Nasen-Ohrenklinik geschickt wurde. Er freut sich sichtlich, daß ich ihn gefunden habe. Von dort aus begleite ich ihn zu einem Büro, wo er die Papiere über die Untersuchung erhält. Im Wartezimmer wird sich Herr H. wieder seines Zustandes bewußt. Nicht gerade leise sagt er zu mir: »Jetzt ist wohl bald der Moment gekommen, wo es für mich besser ist, wenn ich einen Dolch nehme und mich umbringe.«

Ich merke, daß es ihm ernst ist, möchte das Thema aber nicht vor aller Ohren vertiefen. Zurück in der Ambulanz hört Herr H., daß die Schwerhörigkeit durch einen kleinen Eingriff beseitigt werden kann. Wasser hatte sich in der Paukenhöhle angesammelt. Etwas erleichtert teilt er mir das mit. Wir verabschieden uns herzlich voneinander.

Ein paar Wochen später ruft er mich wieder an: Er muß wieder zur Untersuchung in die Ambulanz. Er hört nun zwar wieder gut, aber er weiß nicht, was eine Geschwulst an der Schulter besagt, außerdem plagt ihn ein reißender Schmerz, den er für Ischias hält. Wir vereinbaren wieder, uns vor der Ambulanz zu treffen. Ich mache mir Sorgen, als ich den Hörer wieder auflege. Das klingt, als ob sich Metastasen bei ihm gebildet hätten.

Herr H. kommt verspätet zu unserem Treffpunkt. Mit dem Auto des Vetters kam er in einen Stau. Um vier Uhr war er schon aufgestanden. Nun warten wir schon eine halbe Stunde vergeblich auf die Ambulanzärztin. Herr H. berichtet mir in dieser Wartezeit von den letzten 40 Jahren seines Lebens. Kriegszeit, Gefangenschaft, Heimkehr nach Hamburg, ein zweiter Berufsanfang, und später, im Ruhestand, die Übersiedlung nach Bayern. Ich spüre, wie wichtig es für Herrn H. ist, gute und schlimme Zeiten noch einmal auferstehen zu lassen. »Für meine Frau kaufte ich dreimal ein Haus«, sinniert der alte Herr. »Ich war der Stärkere, sie war nie so recht gesund.«

Ich erkundige mich dann auf der hämatologischen Abteilung für ihn, warum die Ärztin nicht kommt. Sie sei verhindert, erfährt der sehr freundliche Oberarzt durch ein Telefongespräch. Er bietet sich an, sich um den Patienten zu kümmern, nachdem ich ihm von den neuerlichen gesundheitlichen Komplikationen berichte. »O lieber Gott«, sagt er mit trauriger Miene, »Frau Winter, bringen Sie Herrn H. doch bitte gleich herüber, ich untersuche ihn sofort.«

In der Zwischenzeit mache ich Besuche auf einer anderen Station. Als ich den langen Gang zum Ausgang zugehe, treffe ich auf den langsam dahingehenden alten Herrn. Gemeinsam gehen wir hinaus und setzen uns vor dem Krankenhaus auf eine sonnenbeschienene Bank. »Übermorgen muß ich wieder auf Station«, sagt er leise, »ich habe ja schon sowas geahnt.« Der kranke, müde Mann bedankt sich noch bei mir, daß ich ihn zum Oberarzt gebracht hatte. Er wäre sonst wieder unverrichteter Dinge nach Hause gefahren.

Nun liegt Herr H. also wieder auf der gewohnten Station. Er kann kaum gehen vor Schmerzen und weiß nun aus Gesprächen mit dem Stationsarzt, daß sich der Krebs an anderen Stellen weiter ausgebreitet hat. Er ist so traurig, als er das sagt! Ich umarme ihn, Worte sind in diesem Moment kaum angebracht.

Beim nächsten Mal spricht Herr H. ganz unumwunden von seinem bevorstehenden Tod. Diesem Gedanken auszuweichen wäre nicht gut für ihn. So greife ich behutsam dieses schwierige Thema auf und frage ihn, was ihn bei diesem Gedanken besonders bewegt. Er schaut ins Leere und meint: »Vor dem Tod selbst habe ich keine Angst, sondern vor der Zeit davor, die mit schlimmen Schmerzen verbunden sein wird.« Ich sehe ihn an und lege meine Hand auf die seine. »Es ist wichtig, daß Sie das ansprechen, was für Sie schwierig ist«, antworte ich ihm. Ich weiß, daß es heute gute, schmerzlindernde Mittel gibt und weise ihn darauf hin. Außerdem ermuntere ich ihn, diese Bedenken mit dem Stationsarzt zu besprechen. Bei diesen Worten empfindet Herr H. etwas Trost.

Ich möchte ihm noch etwas sagen. »Sie fühlen sich jetzt in einer schwierigen Lage«, versuche ich mich in Herrn H.s Situation zu versetzen. »Sie sind sehr krank und denken an den Tod.« »Ja«, nickt er. »Ich habe die ganze Nacht nicht geschlafen.« Ich halte noch seine Hand und spreche weiter: »Sie sind beunruhigt und traurig. Mir erscheint wichtig, daß Sie sich in dieser Situation nicht verlassen fühlen. Sie freuten sich beispielsweise, daß sich der Oberarzt Ihrer angenommen hat, als die Ambulanzärztin verhindert war.« »Ja, natürlich«, stimmt Herr H. mir zu und seine Züge zeigen etwas von seiner früheren Lebendigkeit. »Sie haben das ja freundlicherweise veranlaßt, Ihnen habe ich auch diesen Platz im Zweibettzimmer zu verdanken. Ich weiß es wohl zu schätzen, daß sich hier einige so um mich kümmern.« – »Ihr Vetter kommt auch häufig, wie Sie mir sagten«, fahre ich fort, »und ich werde auch jedesmal, wenn ich hier im Hause bin, nach Ihnen sehen. So können wir Ihnen ein Stück Geborgenheit geben, ich glaube, das ist es, was Sie jetzt nötig brauchen.« Herr H. nickt sinnend.

Als ich mich diesesmal wieder von ihm verabschiede, geht es mir wie schon öfter durch den Kopf: Das Sterben ist für jeden Menschen schwer. Wir müssen alles, was wir kennen, verlassen. Noch schwerer ist es für Kranke, die kaum Angehörige haben und ohne christlichen Glauben nur eine Leere vor sich sehen.

Mir ist heute auch elend zumute. Ein Bibelwort wäre kein Trost für den alten Herrn – ein Liedvers sagt ihm auch nichts, da er in keinem Religionsunterricht war. Fehlt ihm dadurch nicht etwas ganz Entscheidendes? Ich weiß, daß ich jetzt wichtig bin für ihn, aber meine Kräfte sind auch begrenzt. Das sind schwierige Momente, denen wohl jeder Seelsorger immer wieder ausgesetzt ist.

Ich bin wieder auf der Station und sehe, leise die Türe öffnend, nach Herrn H. Er ist in einem Zustand zwischen Wachsein und Schlafen. Deshalb flüstere ich ihm zu, er möge schlafen, ich käme später wieder zu ihm. Mittags sehe ich wieder nach ihm. Er kann nur noch flüssige Nahrung zu sich nehmen, und die Schnabeltasse pfeift, statt Flüssigkeit zu spenden. Wir finden eine Lösung: er trinkt mit dem Strohhalm. Sein Blick ist wieder unendlich traurig. Ich beuge mich zu ihm und streiche seine abgemagerten Schultern. Er sieht mich dankbar an. Er sei gestern aus dem Bett gefallen, flüstert er schwach. Nun hätten sie dieses Gitter am Bett angebracht. Müde sieht er aus. Ich verabschiede mich von ihm in der Vorahnung, ihn nicht mehr lebend anzutreffen.

Nach dem Wochenende, das ich dringend brauche, um wieder neue Kräfte zu tanken, sehe ich vorsichtig in Herrn H.s Zimmer hinein. Es wird gerade geputzt – ich weiß, was sich ereignet hat. Im Stationszimmer höre ich, daß Herr H. am Vortag eingeschlafen ist. Sein Vetter besuchte ihn an diesem Tag, gestorben ist Herr H. alleine. Ich bin sehr betroffen und muß mich erst fassen, ehe ich wieder an eine andere Türe klopfen kann. Mittags bin ich müde und erschöpft. Ein Patient, den ich sehr mochte, ist nicht mehr da. Ich denke nochmal an ihn: Er war anfangs so vital und voller Hoffnung. Die Hoffnung schwand allmählich mit der Schwere der Erkrankung. Ich konnte mit ihm nicht von Gott sprechen, der zeitlebens ein Fremder für ihn blieb. Aber er nahm meine Begleitung dankbar an. Abschied nahm ich von ihm, während ich mir in einer Münchner Kirche das Requiem von Brahms anhörte: »Selig sind, die da Leid tragen, denn sie sollen getröstet werden« (Matth. 5,4). Diese Worte, die der Chor sang, klingen ungemein tröstlich. Wunderbar auch das Sopransolo, das mit den Worten endet: »Ich will euch trösten, wie einen seine Mutter tröstet« (Jes. 66,13).

8.
*Im Grenzland –
Sterbende und Trauernde
begleiten*

*Was unser Leben war
und was wir einander verschwiegen:
Von Anbeginn an
ein nie endender Gang
zu den Brunnen des Todes.
Was, das uns durstig macht
und den Aufbruch befiehlt,
die letzte Reise?
Manchmal einer, der lange
im Grenzland verweilt,
der nur mühsam
sich wegbeugt
und unter Schmerzen
entgleitet seine und unsere
Herzensränder entlang.
Aber die letzten Spuren
sind spätwärts gezogen
ins einsame Licht.
Und du weißt:
Auch für die Liebenden.
Ja die Zeichen des Todes
sind hell,
wie das Leid hell ist
und das Verlassen.
Endlos, endlos der Gang
und von keinem begleitet,
weil den Weg zum
Wasser des Lebens
nur der Sterbende weiß.*

                    Marion Küstenmacher

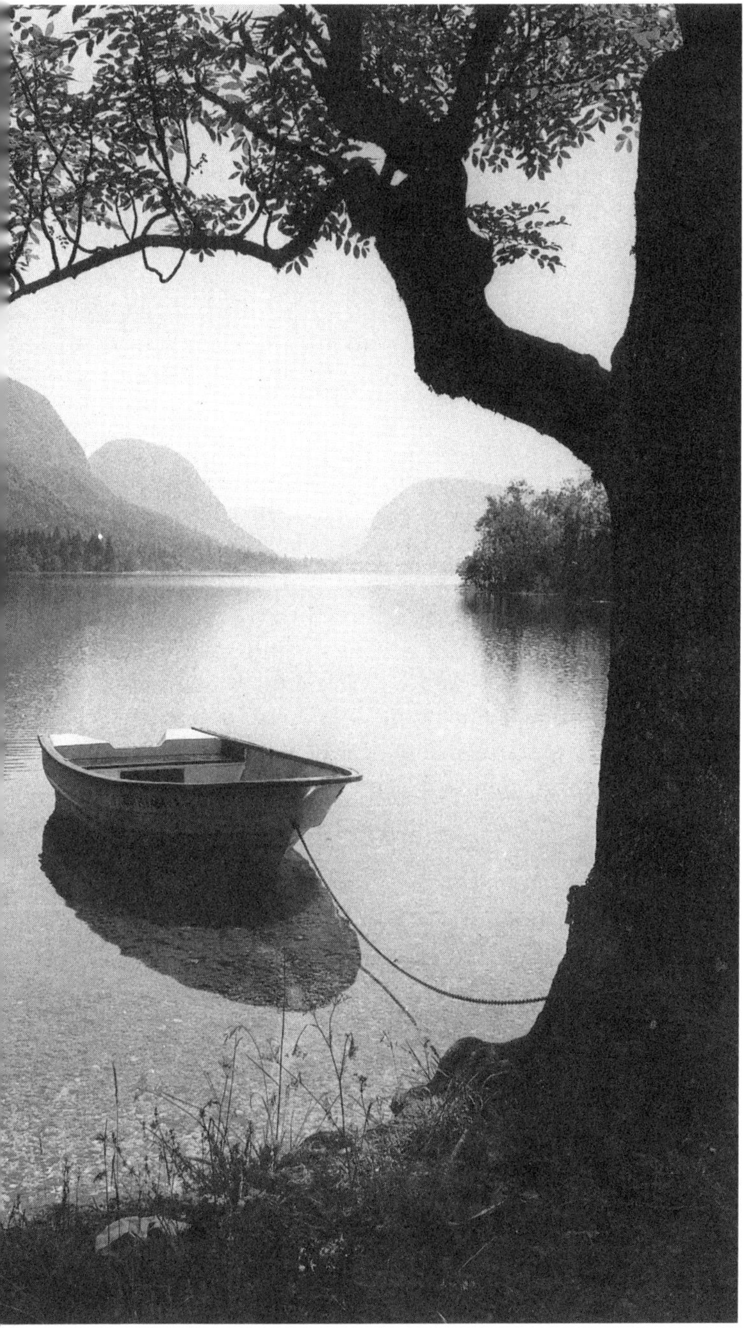

Im Gespräch mit Schwerkranken

Wenn ich am Bett von todkranken Patienten sitze, die nach menschlichem Ermessen nicht mehr gesund werden, drängen sich mir folgende Gedanken auf: Dieser Kranke ist dem Tod nahe, er hat nicht mehr lange zu leben. Er muß Abschied nehmen von allem, was er kennt, sein Leben liegt hinter ihm. Ich selbst bin nicht in dieser Situation. Wie kann ich ihn auch nur annähernd verstehen, ihm als relativ Gesunde in dieser Endphase seines Lebens eine Hilfe sein?

Es ist fast unmöglich, den Kranken in seiner ganz besonderen Lage zu verstehen, ihm beistehen zu können. Eine Situation, in der ich mich nicht selbst befinde, kann ich nie ganz nachvollziehen. Ich kann den Kranken also nur ein Stück weit begleiten, ihm zuhören oder still bei ihm sitzen. Es ist wichtig, allmählich ein Gespür dafür zu entwickeln, was dem Kranken gerade guttut, wie weit er Nähe oder Distanz, Gespräch oder Körperkontakt oder gerade Stille, Ruhe und das Alleinsein braucht.

Auch wenn ich mir dessen bewußt bin, daß meine Begleitung nie optimal sein wird, kann ich sie doch im Namen Gottes wagen, wenn der Patient mein zeitweiliges Da-Sein wünscht.

Die Art und Weise, wie Kranke sich mitteilen möchten, ist unterschiedlich. Nach kurzer Zeit merke ich, ob der Patient mir von sich und seinem Ergehen erzählen will. Gelegentliches Nachfragen zum besseren Verständnis kann dabei sehr nützlich sein. Wenig hilfreich sind dagegen häufige Unterbrechungen oder eigene Ratschläge. Manchmal begegne ich Kranken, die mir lauter aneinandergereihte Nebensächlichkeiten mitteilen. Wenn ich zehn Minuten zuhöre und sich für mich kein Sinn daraus ergibt, frage ich, warum sie mir das erzählen. Oft reagiert mein Gegenüber dann verdutzt, merkt aber auch, daß er konkreter werden muß, wenn er will, daß sich ein sinnvolles Gespräch entwickelt.

Falls ein Patient aus irgendeinem Grund ganz offensichtlich kein Gespräch wünscht, scheue ich mich nicht, mich mit guten Wünschen zu verabschieden. Gar nicht so selten merke ich, daß gerade der, der mich eben ablehnte, sehr aufmerksam zuhört, wenn ich mit seinem Bettnachbarn ins Gespräch komme.

Bei vielen Begegnungen am Krankenbett kommt Gott nicht ausdrücklich vor, und doch möchte ich sie als Seelsorgegespräche bezeichnen. Da ergibt sich Freude über Gleichklang in der Lebensauffassung oder es geschieht auf unerklärliche Weise, daß sich eine innere Veränderung im gesprochenen Wort, im Schweigen oder Traurigsein vollzieht.

Es kann Seelsorge sein, wenn ich am Bett einer alten Frau sitze, die einen Schlaganfall erlitten hat und nicht mehr sprechen kann. Sie freut sich über ein verständnisvolles Wort oder darüber, daß ich einfach wortlos meine Hand auf die ihre lege. Ich erlebe besonders bei älteren Patienten, daß es für sie viel bedeutet, wenn ich ihnen z. B. den Liedvers von Paul Gerhardt vorspreche: »Befiehl du deine Wege.« Sie flüstern diese ihnen bekannten Worte mit und es ist ein großer Trost für sie. Ich frage sie aber vorher, ob sie diese Verse kennen.

In manchen Gesprächen ist von Dankbarkeit gegenüber Gott die Rede. Solche Gedanken nehme ich gerne auf und lasse mir Ereignisse aus dem Leben der Patienten schildern, die sie dankbar werden ließen. Die Kranken fühlen sich dadurch verstanden.

Eine schwierige Gratwanderung kann es für mich sein, wenn eine Kranke fragt: »Warum trifft gerade mich dieses Unglück?«

Es gibt Krankheiten, die Menschen durch eigenes Fehlverhalten mitverschulden. Ein Trinker schadet seiner

Leber; wer ständig unter Streß und Überforderung steht, riskiert einen Herzinfarkt. Patienten, die auf solche Weise ernste Krankheitszeiten durchleiden, kommen häufig selbst zu der Einsicht, daß sie ihr Verhalten ändern müssen, um Schlimmeres zu verhüten.

Wir wissen aber auch von Erkrankungen oder Unfällen, für die es keine plausiblen Erklärungen gibt. Hier wird die Warum-Frage häufig gestellt. Diesen Kranken kann auch ich keine endgültige Antwort geben. Mir scheint diese Frage: Warum ich? aus dem Erschrecken über den gegenwärtig bedrohlichen Zustand zu kommen. Manchmal hilft es dem Patienten, wenn er darüber sprechen kann, was ihm am meisten angst macht. Sind es die Schmerzen, die er fürchtet, der Verlust der Arbeit, oder sieht er sich vom Tod bedroht? Solche Ängste mit dem Seelsorger zu besprechen, kann ein ganzes Stück weiterhelfen.

Ich erlebe oft, daß Patienten, die vor kurzem noch die Warum-Frage stellten, selbst eine neue Perspektive für ihr Leben finden: »Ich lebe jetzt viel intensiver, ich freue mich über Kleinigkeiten, die ich früher in der Hetze übersah. Ich bin dankbarer geworden, ich möchte diese schlimme Krankheit nicht missen.«

Leid läßt viele Menschen reifen. Die Aufgabe der Seelsorger besteht darin, Patienten in der jeweiligen Befindlichkeit zu begleiten, ohne ihnen einen Schritt voraus zu sein.

Phasen vor dem Tod

In ihrem Buch »Interviews mit Sterbenden« stellt die Ärztin Elisabeth Kübler-Ross fest, daß Sterbende vor ihrem Tod fünf Phasen durchlaufen. Wer sie beachtet, kann Todkranke besser verstehen und ihnen beistehen. Es ist sehr wichtig, Patienten in diesen Stadien zu begleiten. Ich folge in diesem Kapitel der Darstellung der Schweizer Autorin und ergänze sie durch eigene Erfahrungen.

1. Nicht wahrhaben wollen
Ein Kranker hört vom Arzt, daß er schwer erkrankt ist, eine bösartige Krankheit hat. Er kann es einige Zeit nicht fassen, daß es wirklich so schlimm um ihn steht. Vor kurzem war er doch noch kerngesund. Ob der Arzt nicht doch das Röntgenbild vertauscht hat?

Dieses Nichtwahrhabenwollen ist meist eine erste, vorübergehende Reaktion, der bald ein wenigstens teilweises Akzeptieren folgt. Durch notwendig gewordene Behandlungen und wiederholte Gespräche mit Ärzten, Schwestern und Mitpatienten verdichtet sich beim Patienten allmählich die Erkenntnis, daß er tatsächlich an einer lebensbedrohenden Krankheit leidet – selbst wenn sie ihm vorerst keine Schmerzen verursacht.

2. Zorn
Irgendwann weiß der Patient: Ich bin es, der so schwer erkrankt und vom Tod bedroht ist. Es folgen Zorn, Wut und Neid auf die anderen, die so gesund umhergehen können. Die Frage drängt sich auf: »Warum gerade ich?« Der Zorn richtet sich auch gegen Ärzte und Schwestern. Keiner kann jetzt dem Kranken etwas recht machen. Es erleichtert ihn, wenn er seinen Groll und seine Wut ausspricht. Angehörige und Pflegepersonal werden diese Verhaltensweise besser ertragen, sobald sie erkennen, daß der meist ungerechtfertigte Zorn nicht eigentlich ihnen gilt, sondern andere Ursachen hat.

3. Verhandeln
Nach dem Hader mit Gott und der Welt kommt es zu der meist kurzen Phase des Verhandelns. Der Patient ver-

sucht, das Unvermeidliche durch eine Art Handel hinauszuschieben. Dieser Handel wird oft insgeheim mit Gott abgeschlossen: Wenn du beschlossen hast, mich bald sterben zu lassen, erfülle mir wenigstens noch einen Wunsch (z. B. die Hochzeit der Tochter, den runden Geburtstag zu erleben). Dafür bietet der Kranke Gott auch eine Gegenleistung an.

4. Depression
Die Krankheit schreitet fort und der Patient merkt, daß neue Symptome auftreten und neue Eingriffe nötig werden. Der Familienvater kann nicht mehr zur Arbeit gehen, es entstehen Einkommensverluste. Die Hausfrau und Mutter kann ihre Familie nicht mehr versorgen. So erwachen Schuldgefühle und Kummer. Eine tiefe Traurigkeit erfaßt den Patienten. In dieser Situation ist es hilfreich, wenn sich Freunde oder Verwandte um die zu versorgenden Angehörigen kümmern.

Ein Zweites kommt hinzu: Dem Patienten wird bewußt, daß er bald von allen Personen und Dingen, die er liebte, Abschied nehmen muß. Eine große Trauer überfällt ihn. Den Kranken darüber beschwichtigend hinwegtrösten zu wollen, wäre falsch. Wichtig ist, bei ihm auszuharren und ihm zu erkennen geben, daß man ihn versteht und die Trauer mit ihm trägt.

5. Zustimmung
Wenn der Patient diese vier Phasen durchschritten hat, sieht er seinem Ende mit mehr oder weniger ruhiger Erwartung entgegen. Er ist oft müde, schläft viel. »Es kommt die Zeit der letzten Ruhe vor der langen Reise«, wie das ein Patient gegenüber Frau Dr. Kübler-Ross geäußert hat. Der Kranke möchte nun keine Probleme und Nachrichten aus der Außenwelt mehr hören. Nun ist es wichtig, daß eine vertraute Person bei dem Sterbenden

sitzt und seine Hand hält. Der Gesang eines Vogels oder das leise Sprechen eines Gebets werden in den Phasen des Wachseins vom Patienten dankbar empfunden. Mit viel Sensibilität erspürt der Sterbebegleiter, was dem Kranken guttut.

Hoffnung
In jeder dieser fünf Phasen ist Hoffnung in irgendeiner Weise vorhanden. Kein Mensch kann ganz ohne Hoffnung leben. So erhofft sich mancher Patient noch einmal eine Besserung von einem neuen Medikament. Begleiter von Todkranken sollten nicht zu einer Notlüge greifen, aber die Hoffnung auf eine unvorhergesehene glückliche Wendung der Dinge nicht ausschließen. Als sehr eindrücklich empfinde ich die Worte, die Frau Kübler-Ross von einem Sterbenden berichtet: »Das Wunder ist geschehen, ich bin bereit, ich fürchte mich nicht mehr.«

Wer nicht an Christus glauben will,
der muß sehen, wie er ohne ihn raten kann.
Ich und du – wir können das nicht.
Wir brauchen jemand,
der uns hebe und halte, solange wir leben,
und uns die Hand unter den Kopf lege,
wenn wir sterben sollen.
Und das kann er überschwenglich,
nach dem, was von ihm geschrieben steht.
Und wir wissen keinen,
von dem wir's lieber hätten.

Matthias Claudius

Am Sterbebett

Es gibt einen Spruch: Wie man lebt, so stirbt man auch. Auf der Station für Bluterkrankungen lernte ich einen etwa 70jährigen Patienten kennen, auf den diese Erkenntnis zutreffen könnte.

Herr B. hatte Leukämie und sprach auch in aller Ruhe davon. Bei meinem zweiten Besuch begann er, mir aus seinem Leben zu erzählen. Er hatte den Krieg heil überstanden und war danach als Handwerker, später als Meister im eigenen Betrieb tätig. Er berichtete von seiner Arbeit, von Frau und Kindern, und dabei ging sehr viel Ruhe von diesem Mann aus. Ich hörte ihm gern zu. Dann kam er auf seine Krankheit zu sprechen. Vor zwei Jahren merkte er, daß er rasch ermüdete. Eine Grippeerkrankung zog sich in die Länge – bis die Ärzte schließlich Leukämie feststellten. Es folgten etliche Behandlungen, danach fühlte er sich relativ wohl, wenngleich er nicht mehr viel arbeiten konnte.

Seine größte Freude war, mit seiner Frau zu seinem Wochenendhaus im Bayerischen Wald zu fahren. Dort konnte er sich an den Blumen und Bäumen freuen. Er hoffte, daß es mit Gottes Hilfe noch eine Weile so weiterginge. Ich spürte, daß dieser Mann sich mit seiner Krankheit arrangiert hatte. Er fand in seinem reduzierten Leben immer wieder etwas, worüber er sich freuen konnte, und er war dankbar dafür.

Wie fast jeden Mittwoch komme ich auf die Station für Bluterkrankungen und höre, daß Herr B., nach einer Woche Aufenthalt zu Hause, schwerkrank eingeliefert wurde. Die Ärzte der Station sind bei ihm und seiner Frau, die ihn in die Klinik begleitete. Ich spreche mit der Stationsschwester, die mich über den Zustand von Herrn B. informiert: »Herr B. liegt im Sterben.« Diese Auskunft macht mich sehr traurig.

Nachdem die Ärzte gegangen sind, gehe ich nach Absprache mit ihnen in das Krankenzimmer und stelle mich Frau B. vor, die bedrückt am Bett ihres Mannes sitzt. Ich spreche Herrn B. mit seinem Namen an – er reagiert nicht darauf. Er liegt mit halbgeöffneten Augen friedlich da, ich nehme seine kalte Hand in meine warme. Der Patient atmet ruhig, es scheint ihn anzustrengen, aber er hat offensichtlich keine Schmerzen. Wieder geht diese Ruhe von Herrn B. aus, die wie Frieden wirkt, der sich im Zimmer ausbreitet.

Ich sitze neben Herrn B. und höre auf seine Atemzüge, dann sehe ich zu seiner Frau hinüber. Sie hat Tränen in den Augen und fängt an, mir von den vorausgegangenen Stunden zu erzählen. Sie kann es noch gar nicht fassen, daß es mit ihrem Mann nun zu Ende gehen soll. Es tut mir weh, wie laut sie dabei spricht, weil ich weiß, daß Sterbende oft mehr hören, als wir ahnen. »Das ist jetzt sehr schwer für Sie«, sage ich leise. Ich gehe zu ihr hinüber auf die andere Seite des Bettes und lege meine Hand auf ihren Arm. So sitzen wir eine Weile still beisammen.

Herr B. atmet hörbar tief ein und aus. Frau B. steht auf und sagt zu ihm: »Hörst du mich, Hermann?« Sie streichelt immer wieder über sein Gesicht und hätte gern eine Antwort von ihm, aber er atmet wieder ruhig weiter. »Ob er mich hört?« fragt sie mich. Ich sage leise, daß ich es nicht wüßte, daß er aber wohl ihre Nähe spüre.

Wir schweigen eine Weile. Dann frage ich Frau B., ob es ihr recht wäre, wenn ich einen Liedvers bete. Sie nickt. »Befiehl du deine Wege ...« spreche ich und halte dabei die kühle Hand von Herrn B. Frau B. spricht leise mit. Dann wird es wieder ruhig im Zimmer. Eine junge Ärztin schaut herein. Ich nicke ihr zu und sie geht leise wieder hinaus.

Frau B. steht auf und drückt ihrem Mann die Augen zu. Mit der anderen Hand hebt sie den herabsinkenden Unterkiefer an. Ich merke, wie Unwillen in mir hochkommt, denn Herr B. atmet noch. »Lassen Sie Ihren Mann so, wie er ist«, flüstere ich. Leise summe ich ein Wiegenlied. Frau B. kann nun den Anblick ihres Mannes wieder ertragen. »Er hat keine Schmerzen«, sage ich zu ihr. Er liegt so friedlich da, es geht ihm gut. »Gott sieht Sie beide und ist hier bei uns.« Frau B. sieht mich unter Tränen an und meint: »Wie froh bin ich, daß Sie da sind.«

Als Herr B. bald darauf schneller und tiefer atmet, zitiere ich den Vers aus Jesaja: »Fürchte dich nicht, ich habe dich erlöst; ich habe dich bei deinem Namen gerufen, du bist mein« (Jes. 43,1).

Nun atmet Herr B. immer leiser, dann wird es ganz still. Seine Frau schluchzt. Ich gehe zu ihr hinüber und umarme sie. Als sie sich etwas beruhigt hat, hole ich den Arzt. Schwestern und Ärzte sind freundlich um Frau B. bemüht. Der Tod dieses Mannes, dessen Leben langsam erlosch, hatte nichts Beunruhigendes an sich. Ich merkte aber, wie wichtig es war, daß Frau B. in dieser schweren Stunde nicht allein sein mußte. Plötzlich wurde ihr zur Gewißheit, daß ihr Mann sie nun für immer verlassen würde. Sie konnte sein Leben nicht verlängern, und die Ärzte konnten es auch nicht. Der Abschied vom geliebten Partner machte sie traurig und nervös. Die Ohnmacht auszuhalten, fiel ihr sehr schwer. Auch ich konnte nichts ändern, aber dabeibleiben in dieser wichtigen Phase.

Ein paar Tage später startete ich mit meinem Mann in den Urlaub. Im Flugzeug mußte ich noch einmal an Herrn B. denken. Wir flogen am Abend über den Wolken dahin, die Sonne ging unter und es war eine beinahe grenzenlose Weite um uns. Hier irgendwo bist Du, dachte ich. Du Gott der Toten und der Lebenden. Ich sprach ein Gebet für den so friedlich Verstorbenen und wußte ihn, meine Lieben und mich in Gottes Hand.

Vor dem Sterbebüro

In unserem großen Krankenhaus mit seinen 1300 Betten sterben im Jahr zwischen 1200 und 1300 Patienten, im Durchschnitt drei oder vier pro Tag. Es gibt ein spezielles Büro, das für die Angehörigen die nötigen Formalitäten regelt. Ehe sie zum Bestattungsamt gehen, lassen sie sich vom Beamten des Sterbebüros beraten und erhalten die nötigen Papiere. Am Montag ist immer besonderer Andrang, weil die Todesfälle von drei Tagen zu bearbeiten sind.

Der Sachbearbeiter dieses Büros berichtete unserem Krankenseelsorgeteam, wie verzweifelt Angehörige in ihrem Schmerz oft sind und bei ihm Trost und Rat suchen. Zeitweise fühlt er sich von dieser Aufgabe überfordert. Eine Ordensschwester vom katholischen Team und ich von der evangelischen Seelsorge erklären uns bereit, montags die Wartenden auf der Bank vor dem Büro zu betreuen, falls sie es wünschen. Es soll ein Versuch sein.

Ich merke, daß es mich einige Überwindung kostet, mich den mehr oder weniger Trauernden vorzustellen und meine Gesprächsbereitschaft zu signalisieren.

So begegne ich einem älteren Herrn, dessen Onkel gestorben ist. Der Kranke war 90 Jahre alt und seit längerer Zeit pflegebedürftig. Wie ich höre, war es eine Erlösung für alle, als der Patient von dieser Erde abberufen wurde.

Einen sehr bewegten Eindruck macht dagegen ein junger Vater, dessen erstes Kind vor zwei Tagen gestorben ist. Er hatte sich mit seiner Frau so sehr auf dieses Kind gefreut, aber der zu früh geborene Junge war nicht lebensfähig. Selbst tieftraurig über den Verlust des Kindes, versucht der junge Mann nun, seine Frau im Wochenbett zu trösten. Wir sprechen darüber, daß es eine Weile dauern wird, ehe die Eltern den Tod des Kindes verarbeitet haben. Ich staune darüber, welche tiefgründigen Gedanken sich dieser Mann macht. Er ist der Meinung, daß es nicht gut wäre, wenn sie beide aus der Trauer heraus sich nun gleich ein zweites Kind wünschen würden. Er ahnt bereits, daß Trauern seine Zeit braucht.

Weiter mache ich mich mit einer etwa 40jährigen Frau und ihrem Schwager bekannt. Besonders der Mann ist nervös, weil er, wie er betont, nun schon über zwei Stunden vor dem Sterbebüro wartet. Als sich seine Schwägerin für ein paar Minuten zurückzieht, benützt er diese Zeit, um im Gespräch mit mir das auszusprechen, was ihm auf der Seele liegt: Vor zwei Tagen saßen sie noch alle zusammen abends beim Grillen im Garten. Der Schwager hatte kurz zuvor eine Lungenentzündung überstanden und sprach davon, daß er zu Beginn der neuen Woche noch einmal einen Termin beim Arzt habe. Einen Tag später ereignete sich dann das Unerwartete: Während seine Frau außer Haus war, werkelte der Ehemann ein bißchen im Garten. Die Nachbarn unterhielten sich mit ihm über den Gartenzaun. Als seine Frau bald darauf heimkam, lag er am Boden. Der herbeigerufene Arzt konnte nur noch seinen Tod feststellen. Er war einem Herzinfarkt erlegen.

Die junge Frau setzt sich wieder neben ihren Schwager. Sie trägt helle Kleidung und läßt sich nichts von ihrer Trauer anmerken. Nach kurzem Überlegen beschließe ich, sie trotzdem darauf anzusprechen. Ich sage ihr, daß ich eben vom plötzlichen Tod ihres Mannes hörte. »Ja, das ging so schnell«, antwortet sie. Dann meint sie: »Ich weiß nicht, ob ich darüber sprechen soll, dann kommt ja alles wieder in mir hoch und die Tränen kommen wieder.« Sie schluchzt, auch der Schwager weint.

Als sie sich wieder beruhigt haben, berichten sie, daß sie die ganze Nacht nicht geschlafen haben. Sie sind noch ganz aufgewühlt von dem schlimmen Erlebnis. Ich nicke stumm und spreche dann mit ihnen darüber, daß die Trauer in der nächsten Zeit ihr ständiger Begleiter sein wird. Trauern ist eine schwere und nötige Arbeit. Es ist nicht gut, ihr auszuweichen, sie holt uns sonst immer wieder ein. Besonders die junge Witwe ermutige ich, so oft sie in nächster Zeit das Bedürfnis verspüre, mit lieben Menschen über ihren Mann zu sprechen.

Sie versteht mich und meint, sie habe zum Glück etliche gute Freunde und Verwandte, mit denen sie über ihren Mann reden könne. Tränen laufen ihr über das Gesicht, als sie fortfährt: »Ich kann es noch nicht fassen, daß mein Mann nun nicht mehr da ist.« Wortlos lege ich meine Hand auf die ihre. Dann nehme ich ihren Gedanken auf: »Dieses Nichtfassenkönnen wird noch eine Weile dauern, es stellt einen seelischen Schutz für Sie dar. Erst Schritt für Schritt wird das Unglaubliche bewußt. Durch Sprechen und Zurückerinnern wird es dann möglich, die Trauer zu verarbeiten.«

Wir sitzen noch eine Weile zusammen, ehe beide ins Büro gerufen werden und sich beide für mein Da-Sein bedanken.

Verena Kast schreibt dazu in ihrem Buch »Trauern«: »Da wir uns wesentlich aus den Beziehungen zu Mitmenschen verstehen, Bindungen ein wesentlicher Aspekt unseres Selbst- und Welterlebens sind, werden wir durch den Tod eines geliebten Menschen in unserem bisherigen Selbst- und Weltverständnis erschüttert. Die Trauer ist die Emotion, durch die wir Abschied nehmen, Probleme der zerbrochenen Beziehung aufarbeiten und soviel als möglich von der Beziehung und von den Eigenheiten des Partners integrieren können, so daß wir mit einem neuen Selbst- und Weltverständnis weiterzuleben vermögen.«

Unser Leben ist immer wieder von Abschied und Neuanfang gekennzeichnet. Die vielen einzelnen Abschiede sind eine Vorbereitung auf den großen Abschied, wenn ein geliebter Mensch stirbt oder wir eines Tages selbst Abschied von diesem Leben nehmen müssen.

TEXTNACHWEIS

Beutler, Heinz-Günter: Bleibe bei uns Herr. Krankengebete. Patmos Verlag, Düsseldorf 1985 (S. 53 und S. 60)

Bonhoeffer, Dietrich: Widerstand und Ergebung. Chr. Kaiser Verlag, München 1977² (S. 42)

Bosmans, Phil: Gott – nicht zu glauben. Herder Verlag, Freiburg 1987 (S. 12 und S. 102)

Goes, Albrecht: Gedichte. Copyright 1950 by S. Fischer Verlag, Frankfurt am Main (S. 68)

Hanselmann, Johannes: In jeder Sekunde geborgen. Ein Begleiter in Tagen der Krankheit. © 1990 Evangelisch-Lutherische Kirche in Bayern (Sonderauflage für die Evang. Buchhilfe e. V.) (S. 107)

Honecker, U./Lutz, G./Vollmer, H.: Stationen, Gebete im Krankenhaus. Quell-Verlag, Stuttgart 1989⁸ (S. 30)

Küstenmacher, Marion: Was unser Leben war. Rechte bei der Autorin über CLAUDIUS Verlag, München (S. 128)

Legler, Erich: Der mich tröstet. Süddeutsche Verlagsgesellschaft, Ulm 1989 ¹⁵ (S. 115)

Marti, Kurt: Ungrund Liebe, Klagen – Wünsche – Lieder. © RADIUS-Verlag GmbH, Stuttgart 1987 (S. 48)

Weil, Simone: Das Unglück und die Gottesliebe. Kösel-Verlag, München 1961 (S. 74)

Wilhelm Willms: Der geerdete Himmel, Wiederbelebungsversuche. Verlag Butzon & Bercker, Kevelaer 1986⁷ (S. 19)

BILDNACHWEIS

S. 13, Seiler, München-Germering
S. 31, 43, 75, 103, 113 Pressefoto Lachmann, Monheim
S. 61 Winter, München
S. 129 Lagois, Nürnberg

Ein Lesebuch für alle,
die anderen helfen wollen

Informativ, meditativ und provokativ sind
die Texte dieses Lesebuchs. In Gedichten,
Anekdoten und Erlebnisberichten kommen
Menschen zu Wort, die unter der Last ihres
Alters, einer Krankheit oder einer
Behinderung leiden. Das Buch redet zu
denen, die helfen wollen und dabei auch
an Grenzen stoßen. Es ermutigt
Mitarbeiterinnen und Mitarbeiter in der
Sozialarbeit, die Begegnung zu wagen mit
Menschen, die Hilfe brauchen; denn es
zeigt: Wer hilft, setzt nicht nur Kraft ein,
er gewinnt auch Kraft.

Herausgegeben von Karl Heinz Bierlein,
Sabine Bodenbender-Schäfer und Sabine Rückert
176 Seiten, DM 18,–, ISBN 3-532-62071-5

Claudius Verlag · Birkerstraße 22 · 8000 München 19

Wenn Worte fehlen
Gebete

Herausgegeben von Karl Heinz Bierlein
Mit 12 Holzschnitten von Walter Habdank
Kleine Ausgabe:
128 Seiten, Format 8,5 × 13 cm, Broschur, DM 6,80
+ Staffelpreise, ISBN 3-532-62084-7
Großdruckausgabe:
128 Seiten, Format 10,8 × 16,5 cm, mit großer, gut lesbarer
Schrift, Broschur, DM 9,80 + Staffelpreise,
ISBN 3-532-62085-5

Pfarrer Karl Heinz Bierlein vom Collegium Augustinum in München stellt in diesem Büchlein rund 150 bewährte Gebete und Meditationstexte vor. Zwölf Holzschnitte von Walter Habdank begleiten die einzelnen Kapitel als „Gebetsbilder".

Helmut Ludwig (Hg.)

Gebete zum Leben

240 Seiten, gb. mit Zeichenband, Format 15 × 17 cm,
DM 15,–, ISBN 3-532-62076-6

Die umfangreiche Sammlung von Gebeten zu vielfältigen Lebenssituationen möchte die vielleicht tagtägliche Beziehung zu Gott (wieder) anknüpfen oder neu herstellen. Die meist kurzen Gebete haben ihren Sitz mitten im Leben und wollen uns zur Zwiesprache mit Gott, zu einer Zeit der Stille einladen.

Claudius Verlag · Birkerstraße 22 · 8000 München 19